21世纪高职高专财经类专业核心课程教材

U0648738

ERP沙盘实战教程

ERP Shapan Shizhan Jiaocheng

（第三版）

高 市 马 媛 主 编
李小光 王 辉 副主编

东北财经大学出版社 大连
Dongbei University of Finance & Economics Press

图书在版编目(CIP)数据

ERP沙盘实战教程/高市，马媛主编. —3版. —大连：东北财经大学出版社，2016.1
(21世纪高职高专财经类专业核心课程教材)
ISBN 978-7-5654-2194-5

Ⅰ．E… Ⅱ．①高… ②马… Ⅲ．企业管理-计算机管理系统-高等学校-教材 Ⅳ．F270.7

中国版本图书馆CIP数据核字(2015)第322608号

东北财经大学出版社出版
(大连市黑石礁尖山街217号 邮政编码 116025)
教学支持：（0411）84710309
营 销 部：（0411）84710711
总 编 室：（0411）84710523
网 址：http://www.dufep.cn
读者信箱：dufep@dufe.edu.cn

大连美跃彩色印刷有限公司印刷 东北财经大学出版社发行
幅面尺寸：185mm×260mm 字数：350千字 印张：15
2016年1月第3版 2016年1月第5次印刷

责任编辑：杨慧敏 刘慧美 责任校对：刘 洋
封面设计：张智波 版式设计：钟福建

定价：28.00元

第三版前言

又是一个金秋季，《ERP沙盘实战教程》迎来了第三版。

新版主要对原来的第五章做了增改，增加了近年大赛的最新战例，并将大赛规则附于书后，供学生参考。在书后所附光盘中增加了"大赛沙盘对战系统"软件，可供学生赛前使用。

此次要特别感谢王国志老师，是他提供了大赛的资料并进行了精心的讲解。

本书第三版由高市、马媛任主编，李小光、王辉任副主编。第二章、第四章、第六章中的第一节由李小光（长春大学旅游学院）编写，第一章、第五章和第六章中的第二、三节由王辉（吉林工业职业技术学院）编写，第三章和所有附录由马媛（长春科技学院）编写，其余章节及书后所附软件由高市（长春大学）编写和编制，全书由高市总纂。

本次修订纠正了上一版书中的一些错误，但难免会有疏漏之处，恳请读者不吝赐教。笔者电子邮箱为 GASS0923@163.com。

编　者
2015年10月于长春

目 录

第一章

ERP沙盘预备知识

陆游云："纸上得来终觉浅，绝知此事要躬行。"兴趣是学习的动力，实践是学好知识的关键。ERP沙盘模拟正是这样一门寓教于乐、身体力行的好课程，它将纸上谈兵变成了沙场演练，使受训者身临其境，感受到企业经营者承担的经营风险与责任，感受到市场竞争的精彩与残酷，从而深刻理解经济管理的基本原理并掌握基本的企业运营方法。

为了学好ERP沙盘模拟课程，了解一些经济管理方面的基本知识是十分必要的，这也能帮助学员在ERP沙盘模拟课程中如虎添翼、游刃有余。

● 第一节　ERP沙盘课程内容及特色

ERP沙盘课程是一门理论与实践集于一身的综合性课程。在课程中，可让学员清晰地看到模拟企业的信息流、物流及资金流的流动及相互作用，体会到企业管理信息的产生、加工、传递和运用。在课程的模拟训练过程中，无论胜负都会给参与者留下深刻的印象，胜利者会有成功的喜悦，失败者则会在遗憾中领悟出很多经营真谛，使其达到巩固所学的专业知识和积累企业经营管理经验之目的。

为了说明ERP沙盘课程的实质，本书将ERP沙盘课程的基础背景设定为一家已经经营若干年的生产型企业。在课程中，把参加训练的学员分成4~12组，每组4~10人，每组代表不同的模拟企业，同时，每个小组的成员将分别担任企业中的重要职位，如CEO（首席执行官）、CFO（财务总监）、CMO（营销总监）、COO（生产总监）和采购总监等。他们从前任管理团队手中接管企业，在与其他企业的激烈竞争中，使自己的模拟企业不断发展壮大。在课程中，学员们必须做出诸如新产品的开发、生产设施的改造、新市场中销售潜能的开发等决策。每个决策都极大地考验了学员的胆识、才智及团队精神，只有具备这种素质的团队才能在竞争中脱颖而出，取得ERP沙盘模拟对抗赛的胜利。因此，这门课程会给学员留下难能可贵的经验和难以忘怀的印象。

一、ERP沙盘课程内容

ERP沙盘课程内容涉及了诸多企业管理方面的知识，如企业整体战略、产品研发、生产排程、市场营销、财务管理、团队沟通与建设等多个方面。具体内容如下所示。

（一）企业整体战略方面

1.评估内部资源与外部环境，制定企业的长期和中短期策略；

2.预测市场趋势及调整既定战略。

（二）产品研发方面

1.产品研发决策；

2.修改研发计划，必要时中断项目。

（三）生产方面

1.选择获取生产能力的方式（购买或租赁）；

2.设备更新与生产线改良；

3.全盘生产流程调度决策，匹配市场需求、交货期、数量及设备产能；

4.库存管理及产销配合。

（四）市场营销方面

1.市场开发决策；

2.新产品开发、产品组合与市场定位决策；

3.模拟在市场中短兵相接的竞标过程；

4.刺探同行商情，抢攻市场；

5.建立并维护市场地位，必要时做退出市场决策。

（五）财务方面

1.制订投资计划；

2.预测企业的长期资金和短期资金的需求，寻求资金来源；

3.掌握资金来源与用途，妥善控制成本；

4.洞悉资金短缺前兆，以最佳方式筹措资金；

5.分析财务报表，掌握报表重点与数据含义；

6.运用财务指标进行内部诊断，协助CEO进行管理决策；

7.如何以有限资金转亏为盈，并创造高额利润；

8.编制财务报表、结算投资报酬、评估决策效益。

（六）团队沟通与建设方面

1.实地学习如何在立场不同的各部门之间进行沟通协调；

2.培养不同部门人员的共同价值观与经营理念；

3.建立以整体利益为导向的组织。

二、ERP沙盘课程特色

（一）生动有趣、体验实战

在目前的学历教育中，一般的管理课程都是以"理论+案例"为主，理论比较枯燥，而案例又以当前的各企业的实际管理问题为例，脱节严重。学员很难把有关的管理理论迅速掌握并应用到实际工作中去。而沙盘模拟课程将学员置身于各个模拟企业中，自己去学习经营和管理，通过学员亲身的体会和感受，使枯燥的课程变得生动有趣，激起了学员的学习热情。使学员不知不觉地学会了收集、加工和利用信息，积累了管理经验，缩短了理论与实践的距离。

（二）直观体验、团队合作

ERP沙盘模拟对抗课程剥开了经营理念的复杂外表，直探企业经营本质。课程将企业的组织结构和管理的全部操作展示在模拟沙盘上，把复杂、抽象的经营管理理论以最直观的方式让学员体验和学习，完整生动的视觉感受将极大地激发学员的学习兴趣，使学员提高学习效率。ERP沙盘课程是互动式课程，当参与者在游戏过程中对决策产生不同观点时，需要团队成员们不停地进行商议和探讨，从而增强他们的沟通技能，并使其学会如何以团队的方式工作。因此，ERP沙盘课程不仅会增长学员们的才智，也能提高他们的情商。

（三）提高素质、全面升华

在以往的学习中，学员们学到的知识只是停留在书本上，由于客观因素，无法将所学的知识立即加以运用，学员对自己的能力有所不知。通过这门课程的检验，学员可以把才智进行充分体现，把平日学习工作中尚存疑问的决策带到课程中印证。在几天的课程中，模拟企业几年的全面经营管理，学员有机会参与企业经营的重大决策，通过经营产生的效果来检验学员的能力。这使得学员的知识得到全面和系统的提升，增强了学员的学习能力，并通过团队合作的方式使学员锻炼了沟通能力，增强了企业凝聚力。因此，ERP沙盘课程提高了学员们的综合素质，使学员的思想得到了全面升华，为学员们走上社会岗位奠定了坚实的基础。

● 第二节　企业总体战略与企业环境分析

任何一个企业都必须具备战略观念和意识，并以此来指导企业实践，这样才能确保企业的长期繁荣与稳定，使企业在激烈的市场竞争中立于不败之地。

企业战略是指企业面对激烈变化、严峻挑战的环境，为求得生存和发展而做出的带有长远性、全局性的谋划，是企业经营思想的体现，是一系列战略性决策的结果。企业战略包括经营范围、资源配置、竞争优势和协同作用等四大要素。为了有效地组织和管理这四大要素，就需要制定企业战略，所以企业战略管理就是一个制定战略和实施战略的过程。

一、企业总体战略

根据实际情况企业战略可以采取不同的类型，一般说来，企业总体战略主要有以下几种。

（一）单一经营战略

单一经营战略是指企业将自己的经营范围限定在某一种产品上。这种战略把企业有限的资源集中在同一经营方向上，可形成较强的核心竞争力，而且有助于企业通过专业化的知识和技能提供满意且有效的产品及服务，在产品技术、客户服务、产品创新和整个业务活动的其他领域开辟新的途径；同时有利于各部门制定简明、正确的发展目标，可以使企业的高层管理人员减少管理工作量，集中精力掌握该领域的经营知识和有效经验，提高企业的经营能力。但是，由于单一经营战略将企业的资源都集中于某一种或某一类产品上，当行业出现衰退或停滞时，企业存在着难以维持的风险。

（二）纵向一体化战略

纵向一体化战略是指企业在同一行业内扩大企业经营范围，后向扩大到供给资源，前向扩大到最终产品的直接使用者。企业实行纵向一体化战略的目标是提高企业的市场地位和保持企业的竞争优势。后向一体化可以在原材料供给需求大、利润高的情况下，把一个成本中心变成利润中心，还可以摆脱企业对外界供应商的依赖，但纵向一体化需要投入的成本较大。

（三）多元化战略

多元化战略是指企业通过将开发新产品与开拓新市场相配合来扩大经营范围的战略。这种战略一般适用于那些规模大、资金雄厚、市场开拓能力差的企业，其作用主要是分散风险和有效地利用企业的经营资源。实施多元化战略不仅可以使企业挖掘现有资源潜力、节约成本、增加利润和分散风险，而且能把企业原有的经验运用到新的领域，通过资源共享和经营匹配，迅速建立起比单一经营企业更强的竞争优势，获得更多的利润。但实施多元化战略会使企业的运营成本提高，且多元化经营的人才资源需求量很大，管理成本很高，有限的资源过于分散，容易导致实施多元化经营的时机难以掌握、产业选择失误的成本高等不利因素。

（四）集团化战略

集团化战略是指企业通过组建企业集团来推动企业发展的一种企业发展战略。对企业来说，集团化经营有利于通过相互协作、相互渗透和相互扶助，达到扬长避短、促进技术和生产发展的目的，从而增强企业管理水平，获得规模经济，提高企业的综合经济效益。

（五）国际化战略

国际化战略是指实力雄厚的大企业把生产经营的方向指向国际市场，从而推动企业进一步发展的战略。实施集团化战略的企业常用的方式有商品输出和建立跨国公司两种。从国际上看，商品输出往往是企业国际化的起点，由于实施跨国经营会面临各种关税和非关税壁垒，因此一些资金雄厚、生产技术和经营能力强的企业，在开拓并占领了国外市场后，常常会在海外国际市场建立独资或合资企业，以充分利用当地政府的各种优惠政策，绕过所在国的贸易壁垒，降低生产和营销成本，强化竞争能力。

二、企业环境分析

在制定企业战略时，要充分考虑企业所处的环境，对企业环境进行认真分析。众多企业的发展经验与研究结果表明，企业外部环境对企业战略行为有着重大的影响，而企业内部环境则是企业制定战略的出发点、依据和条件，是竞争取胜的根本。

（一）企业外部环境

目前企业面临着一个越来越复杂的全球化外部环境，这些外部环境条件给企业带来威胁的同时，也带来了挑战。因此，企业必须制定和实施适应外部环境的企业战略，从中发现企业的机会与潜在的危险，以便能及时捕捉和利用机会，从而避开和减少威胁，保证企业的生存与发展。所以说，外部环境研究对企业战略行动有着重大的影响。对企业外部环境的分析主要包括宏观环境分析和行业环境分析。宏观环境的内容非常复杂，在对其进行分析时，一般主要从政治、法律、经济、社会、科技等各种性质不同的具体环境分别进行调查研究分析。分析企业的行业环境时，一般需要从行业总体形势、行业生命周期、行业经济结构、行业竞争形势等几个方面加以分析。

（二）企业内部环境

企业内部环境或条件分析的目的在于掌握企业过去和目前的状况，明确企业所具有的优势和劣势。通过对企业内部环境或条件进行分析，有助于企业制定有针对性的战略，有效地利用自身资源，扬长避短，发挥企业的优势，或采取积极的态度改进企业劣势，抓住发展机遇，谋求企业的成长和壮大。企业内部环境分析的内容包括诸多方面，如企业资源分析、企业能力分析和企业核心竞争力分析等。

1.企业资源分析

企业资源是指企业从事生产经营活动所需的人、财、物的总和，是企业的潜力。分析企业的资源和能力，目的在于找准企业在资源上表现出的优势和劣势，对于处于劣势上的资源需要进行变革，从而增强企业的实力。就当前经济发展而言，企业的资源主要包括有形资源、无形资源和人力资源等。

2.企业能力分析

企业能力是指企业的各种经营资源有机整合而形成的经济力量。企业能力可以分解为各种分项能力，如划分为生产能力、供应能力、营销能力、财务能力、人力资源能力等，但这种划分并非彼此孤立，而是相互关联的。

3.企业核心竞争力分析

企业核心竞争力是决定企业生存和发展的最根本因素，是持久竞争优势的源泉。积累和保持运用核心竞争力是企业生存与发展的根本性战略，也是企业经营管理的永恒目标。生产、营销、财务等各个管理领域都应该以企业核心竞争力为中心，计划、组织、协调、控制等各类管理职能都应该围绕企业核心竞争力而展开。企业拥有各种资源，是资源的特殊集合体，它们能否产生竞争优势，取决于各种资源能否形成一种综合能力。那些与竞争对手相比，具有资源的独特性和优越性，并能够与外部环境匹配得当的企业将拥有竞争优势。企业资源中那些满足价值性、稀缺性、不可模仿和替代性标准的资源被称为关键资源，只有基于这些关键资源建立起来的竞争优势才是持久的竞争优势。在众多的能力中，企业如果在关键环节上建立了自己独特的竞争优势，则能形成企业的核心竞争力。持久性核心竞争力是企业参与竞争并取得胜利的重要法宝。判断持久核心竞争力的标准是：是否有价值能力；是否有稀有能力；是否有难于模仿的能力；是否有不可替代的能力。在实践中，由于每个企业的实际情况不同，其核心竞争力也各有不同。企业核心竞争力的培育会涉及企业经营管理的各种活动。企业一般主要通过两种途径增强核心竞争力：一是传统途径；二是现代途径。传统途径就是产品经营，是指企业为了实现内部资源的最优配置而采取的一系列管理行为，包括生产作业管理、供应管理、技术创新管理、市场营销管理、财务管理、人力资源管理等。现代途径就是资本运营，是指企业为了有效整合外部资源而采取的更为复杂的管理行为，包括兼并、收购、拆分、上市、联营、破产等。

● 第三节　企业营销战略

企业要生存、要发展，必须研究市场、占有市场，因此，市场营销战略知识也是必不可少的。企业营销战略包括企业市场战略、企业产品战略，下面分别加以阐述。

一、企业市场战略

在企业经营管理过程中，市场战略是市场与企业的界线，在任何战略计划中都极其重要，而且市场战略是形成企业战略计划的基本条件。企业所有战略的起点就是顾客的需求，而顾客的需求就是指未满足的"市场"。所以说，所有战略必须经过市场的验证才能知道其是否正确。如果其在市场上是不可行的，那么再好的战略也都将是纸上谈兵。

（一）市场战略的特点

市场战略是指企业有效地区别于竞争对手，并利用其经营特色为消费者提供更高价值产品的方法。市场战略的本质是处理消费者、竞争者和企业三者之间的相互关系。一个成功的市场战略应具备以下特点：

1.要有明确的市场定位。企业将提供什么样的产品、产品将如何定位、产品会面临什么样的消费者等，这一系列的问题，企业都应有明确的目标。

2.要发挥企业的资源优势。单个企业的资源是有限的，无法满足所有消费者的要求，这就要求企业利用自身的资源优势，突出自身的鲜明特点，来满足消费者的需求。

3.要有利于企业在竞争中脱颖而出。企业的竞争其实是受控于消费行为的，而且市场竞争十分残酷，所以企业要通过市场定位找出主要的竞争者，针对竞争者的策略随时调整企业自身的策略。

（二）市场战略的内容

市场战略的内容主要包括：目标市场战略、市场地域战略和市场竞争战略。

1.目标市场战略

所谓目标市场战略是指在市场细分基础上所确定的最佳细分市场，即企业所确定的以相应的产品满足其需求、为其服务的某个消费者群，它是企业所确定的营销服务对象。

（1）无差异市场营销战略

无差异市场营销是指企业在市场细分之后，不考虑各子市场的特性，而只注重子市场的共性，从而决定只推出单一产品，运用单一的市场营销组合，力求在一定程度上满足尽可能多的顾客的需求。这种战略下的产品品牌、规格、款式简单，有利于企业实现产品的标准化与大规模生产，有利于降低企业的生产、存货、运输、研究、促销等成本费用。但这种战略具有较大的风险性，因为单一产品要以同样的方式广泛销售并受到所有购买者的欢迎，这几乎是不可能的。无差异市场营销主要适用于选择性不强、差异性不大、供不应求的商品，或者具有专利保护的商品等。随着消费者需求的多样化和个性化，无差异市场营销的适用范围在逐步缩小。一家公司在刚刚建立时，也许只有一种产品，但随着市场的成长和不同市场领域的出现，企业会试图参与其他市场领域的竞争。

（2）差异市场营销战略

差异市场营销是指企业决定同时为几个子市场服务，设计不同的产品，并在渠道、促销和定价方面进行不同的组合，以适应各个子市场的需要。有些企业曾实行了"超细分战略"，即许多市场被过分地细化，而导致产品价格不断增长，影响产销数量和利润，于是，一种叫做"反市场细分"的战略应运而生。反市场细分战略并不反对市场细分，而是将许多过于狭小的子市场组合起来，以便能以较低的价格去满足这一市场的需求。差异市场营销最大的优点在于能够全面满足消费者的不同需求，在激烈的竞争中，由于营销组合手段的多样化，有利于保持企业的市场占有率。但采用这种战略，会造成企业的成本较高，而且受到企业资源和经济实力的限制。因此，差异市场营销战略主要适用于选择性强、需求弹性大、规格多样的产品，如服装、食品等。

（3）集中市场营销战略

集中市场营销是指企业集中所有力量，以一个或少数几个性质相似的子市场作为目标市场，试图在较少的子市场上获得较大的市场占有率。集中市场营销可准确地了解消费者的需求，有针对性地开展营销工作，且营销的各项成本较低。但这种战略的风险性较大，易受竞争的冲击。

2.市场地域战略

地理位置长期以来都是企业进行市场细分的主要变量，是影响企业进行各项营销活动及营销成本的关键，因此占领市场就成了企业在竞争中主要的争夺目标。市场地域战略主要包括以下几种战略。

（1）本地市场战略

本地市场战略是指由于不同地域的消费者具有不同的需求和偏好，或者受到零售商和服务机构的限制（如商业银行、医疗等），企业只能在当地运作。

对于零售业而言，企业在资金不足的情况下，只能在当地运作。大型的制造业者在最初的时候也可能把新产品的分布范围限定在当地市场，随着企业自身的不断强大，企业的产品将不断地推向区域市场、全国市场以及国际市场。采取本地市场战略，企业能熟悉本地顾客的需求和偏好，可使企业更好地满足顾客的需求；同时企业的资源比较集中，能够更好地为顾客提供服务。但是，采用这种战略的风险性较大，易受到外来竞争者的冲击。

（2）区域市场战略

区域市场战略是把国家划分为明确的地理区域，从中选择一个或者多个区域作为企业的目标市场，并且针对区域间的差别，明确每个区域的营销组合。区域市场战略是介于本地市场战略和全国市场战略之间的一种市场战略。它一般是在经济区域的基础上形成的，是进军全国市场战略的一个缓冲过程。区域市场战略可以帮助企业在一定的地域空间内发展，提高企业的市场占有率，使企业竞争的实力逐步增强。但开发区域市场，要注意与当地企业之间的合作，尤其是与当地中间商的合作。

（3）全国市场战略

全国市场是指在主权国家的范围内建立起来的市场。全国市场战略对企业提出了更高的要求：首先需要大量的初始投入来完成市场的开拓和发展；其次需要更充足的资源和抵御风险的能力。全国市场战略可为企业发展提供更多的机会，实现规模经济效应，提高企业的市场占有率，但全国市场战略会使企业面临的风险加大。

（4）国际市场战略

国际市场战略是在国际分工的基础之上，使商品在世界范围内流通。由于消费者的生活方式、语言、宗教信仰、民族习惯等诸多方面的不同，国际市场战略比全国市场战略面临着更大的风险和不确定性。随着科技的发展、生产规模的扩大，以及国内市场需求的饱和，进军国际市场是企业发展的必然趋势。国际市场战略与全国市场战略相比，企业拥有更多额外的市场机会，以利于企业在国际市场的大环境中不断发展壮大，从而更好地战胜竞争对手。

3.市场竞争战略

每个企业都要依据自己的目标、资源和环境，以及在目标市场上的地位，来制定竞争战略。即使在同一企业中，不同的业务、不同的产品也有不同要求。因此，企业应当确定自己在目标市场上的竞争地位，然后根据自己的市场定位选择适当的营销战略和策略。按照企业在目标市场上所起的作用，可以将企业分为以下几种类型：市场领导者、市场挑战者、市场跟随者和市场利基者。

（1）市场领导者战略

市场领导者是指在相关产品的市场上占有率最高的企业。一般来说，大多数行业都有一家企业被公认为市场领导者，它在企业营销组合的各个方面都处于主导地位，是市场竞争的领导者，也是竞争者挑战、效仿或回避的对象。在竞争中，这些市场领导者的地位是自然形成的，但不是固定不变的。因此，处于市场领导者地位的企业必须随时保持警惕并采取适当的措施。一般来说，市场领导者为了维护自己的优势、保持自己的领导地位，通常采取三种策略：一是设法扩大整个市场需求；二是采取有效的防守措施和攻击战术，保持现有的市场占有率；三是在市场规模保持不变的情况下，进一步扩大市场占有率。

（2）市场挑战者战略

在行业中名列第二、三名等次要地位的企业称为亚军企业或者追赶企业。这些亚军企业对待当前的竞争情势有两种态度：一种是向市场领导者和其他竞争者发动进攻，以夺取更大的市场占有率，这时他们可称为市场挑战者；另一种是维持现状，避免与市场领导者和其他竞争者引发争端，这时他们被称为市场追随者。

市场挑战者为了战胜市场领导者一般采用如下战略：

第一，攻击市场领导者。这一战略风险很大，但是潜在的收益可能很高。为取得进攻的成功，挑战者要认真调查研究顾客的需要及不满之处，这些就是市场领导者的弱点和失误。

第二，攻击与自己规模相当者。对一些与自己势均力敌的企业，市场挑战者企业可选择其中由于经营不善而发生危机者作为攻击对象，以夺取他们的市场。

第三，攻击区域性小型企业。对于一些因经营不善而发生财务困难的地方性小企业，市场挑战者可将其作为攻击对象。

（3）市场跟随者战略

并非所有在行业中处于第二的公司都会向市场领导者挑战，因为这种挑战会遭到市场领导者的强烈报复，最后可能无功而返，甚至一败涂地。因此，除非挑战者能够在某些方面赢得优势，否则他们往往宁愿追随领导者，也不愿对领导者贸然发动攻击。这种"自觉并存"状态，在资本密集且产品同质性高的行业中是很普遍的现象。

市场跟随者的主要策略：更好地维持现有顾客，并争取一定数量的新顾客，设法建立自身的独特优势，不能单纯模仿领导者，尽力降低成本。

（4）市场利基者战略

几乎每个行业都有一些小企业，他们专心致力于市场中被大企业忽略的某些细分市场，在这些小市场上通过专业化经营来获取最大限度的收益。这种有利的市场位置就称为"利基"，而所谓市场利基者，就是指占据这种位置的企业。

市场利基者的主要策略是专业化，企业必须在营销组合方面实现专业化。在选择市场利基时，营销者通常选择两个或两个以上的利基，以确保企业的生存和发展。

二、企业产品战略

产品战略是指企业通过提供不同产品来满足不同市场需求的战略。产品战略和市场战略是相互配合的，最终支持企业的总体战略计划。

（一）产品定位战略

产品定位是指将一种品牌的产品投入比其他竞争者产品更受欢迎的细分市场。产品应该和市场相互配合，通过产品定位与竞争品牌区别开来。产品定位表示产品代表什么、是什么，以及消费者将如何评价它。

完成产品定位需要进行设计和沟通，因为产品的定位主要是定位于消费者的心理。这就需要不断地了解消费者的需求，同时和其他的竞争者进行区别。

一般来说，产品定位主要有两种策略：一是单一品牌定位策略；二是多品牌定位策略。

1.单一品牌定位策略

单一品牌定位策略是指企业的各种产品使用相同的品牌推向市场的定位策略。采用单一品牌可以降低成本，实现效益最大化。企业要使用单一品牌，各个产品之间的属性和质量的差别要比较小，而且企业必须在起主导作用的市场里确定一个核心的细分市场，通过这个核心的细分市场吸引消费者。企业采用单一品牌必须能够抵御来自竞争者的强大冲击，而且要建立企业在消费者心目中的独特地位，并通过企业的营销等各方面的行为，持续不断地保持这种竞争优势，这是企业成功进行单一品牌管理的关键。

2.多品牌定位策略

多品牌定位策略是指同一企业生产的产品分别使用不同的品牌的定位策略。采用多品牌策略可以通过向不同的细分市场提供不同的产品，实现企业效益的最大化，还可以有效地避免竞争者对单一品牌的强烈冲击。多品牌定位的管理应该注意：对于每个品牌都明确主要的细分市场，避免自有品牌之间的相互残杀，降低企业的收益；推出新的品牌的时候，各种品牌相互竞争的程度是企业能够接受的，考虑竞争者可能带来的冲击程度；需要企业强大的资源和资金的支持。企业产品的定位并不是一成不变的，而是一个持续变化的过程。企业必须根据市场环境的变化，不断地调整企业的产品定位，以便在激烈的竞争中保持自身的竞争优势。

（二）产品组合战略

产品组合战略是指一个企业生产或经营的全部产品线和产品项目的结构，即产品花色和品种的配合战略，是对企业业务单位的任务指示。决定企业生产的类型，有助于选择组成产品组合的产品和服务。产品组合战略是涉及企业发展规划的长期计划安排，必须经过周密的制定，并随时根据情况的变化调整企业的产品组合。

产品组合战略主要包括单一产品战略和多产品战略。

1.单一产品战略

单一产品战略是指企业只生产一种产品，而且必须依靠这种产品才能取得成功。实施这一战略的优势是：企业生产的产品专业性较强，有助于达到规模经济效益；企业生产管理更有效率；企业专注于小范围的产品，发展更为专业化，能够承受竞争的冲击。企业实施单一产品战略不利的是：如果环境发生变化，企业可能面临灭顶之灾；企业的销售额和市场份额不会迅速增加，对于希望增加销售额和市场份额的企业来说，这是不合适的战略。

2.多产品战略

多产品战略是指企业面对市场提供两种以上产品的战略。提供多种产品，可以使企业增强应对环境变化的能力，而且企业各个不同产品之间是相互补充的，可以实现规模增长。

（三）新产品开发战略

新产品的开发是企业发展的生命线，是企业持续不断地保持竞争优势、实现利润最大化的关键。通过新产品战略企业能够更好地维持其现有产品的优势。新产品开发战略主要有四个选择。

1.产品改进和调整战略

产品改进和调整战略是指在原有产品的基础上，采用新技术、新材料、新结构显著改善其性能。原有产品可能由于环境的变化而进入产品生命周期的成熟期，使企业的利润降低，或者由于竞争者的跟进，使产品的竞争优势降低，从而需要改进和调整。此战略可使产品获得重生，并与竞争产品有效地区别开来。企业可以通过新的产品定位，迎合不同消费者的需求，与竞争产品进行仔细的对比分析，发现企业产品的独特竞争优势和竞争潜力。

2.模仿战略

企业推出一种市场上已经存在的新产品时，采取的就是产品模仿战略。企业通过这种战略，可以减少产品研发的费用，使企业更具价格优势，进行追随性竞争，以此分享收益。在没有专利保护的情况下，企业可以设计、生产与发明者的产品差别不大的产品，同发明者进行有力的竞争。模仿战略可以使企业有效地规避产品创新过程中的风险，但并不是对所有成功产品的仿制都会成功，企业可以模仿新产品，但是营销计划应该创新，这样才能有效地增加市场份额和销售量。

3.产品创新战略

产品创新战略是指企业运用新技术、新工艺、新材料生产与制造全新的产品。企业可以通过产品的创新提高市场占有率，获得巨大的收益。产品创新需要企业投入大量精力和财力进行跨组织管理，所以一般创新都是由大企业完成的。新产品的开发不仅要考虑企业的开发能力，还要考虑开发出产品以后的生产能力，以及产品推向市场的营销方案的制订等一系列工作。

4.产品生命周期战略

产品生命周期是指产品从投入市场开始到退出市场为止所经历的全部时间。如同人的生命一样，产品的生命周期也经历一个诞生、成长、成熟及衰退的过程，因此，我们把产品的生命周期分为投入期、成长期、成熟期和衰退期。在不同的时期，企业的销售额、利润、竞争条件等会不断发生变化，在产品的各个不同时期，企业需要采用不同的市场营销、财务和生产等战略。

（1）投入期战略

当企业的新产品刚投入市场时，由于消费者对其知之甚少，所以购买者较少，企业的销售增长缓慢。在这一时期，企业的主要目标在于扩大产品的知名度，这会相应地加大广告宣传的费用。因此，在产品的投入期，企业可以采取利用现有品牌带动策略、优质优价策略以及大规模促销策略等来刺激新产品的销售，从而增加新产品销售额，以扩大其市场份额。

（2）成长期战略

当产品进入成长期时，购买者逐步接受了该产品，企业也实现批量生产，产品的质量稳定并不断提高，竞争者开始进入市场。在产品的成长期，企业可以采取降低价格策略、开发新市场策略以及建立企业竞争优势策略来引导消费者的购买。

（3）成熟期战略

在产品的成熟期，企业的销售额和利润额达到了最大化并开始有下降的趋势，竞争处于白热化阶段。在这个时期，企业可以采用的营销策略主要有：对产品进行重新定位，增加产品的功能和用途；开发新产品；扩大产品的销售渠道，以不断满足不同消费层次的需求。

（4）衰退期战略

当产品进入衰退期时，说明产品已不能适应市场的需求，产品的销量和利润迅速降低，许多企业相继退出市场。在这个时期，企业可以采用的营销策略主要有：维持现有的市场份额策略；抢占竞争者的市场策略；逐步退出市场策略等。

● 第四节　企业财务战略

企业的财务战略是确保企业具备足够财务能力的关键，而财务能力又是其他战略目标能够有效实施的根本保证，因此在企业战略管理中，企业财务战略具有重要的地位。只有及时地对企业的财务进行分析，掌握企业的财务状况，才能有效地实施企业战略。

一、财务战略的基本内容

企业财务管理是对企业生产经营活动所需各种资金的筹集、使用、耗费、收入和分配等进行预测、决策、计划、控制、核算、分析和考核等一系列工作的总称。

企业财务战略就是企业对维持和扩大生产经营活动所需资金进行筹资、分配、使用，并为实现企业总体战略目标所做出的长远性的谋划与方略。企业制定财务战略规划和实施措施具有十分重要的作用。企业的财务战略可以帮助企业正确地选择资金的投向，正确地选择筹资的途径，并进行财务监督和控制，以提高企业的经济效益。同时，企业实施财务战略可以防范、规避企业所面临的各种经营风险和财务风险，并可在企业日常财务管理活动中发挥指导作用。财务战略的主要内容包括：筹资战略决策、资金运用战略决策和企业财务战略效益评估等。

（1）筹资战略决策是指根据企业实际情况，综合各种筹资手段，构建与企业生产经营相适应的融资体系，使企业在一种合理的资产负债比例下，用最低的融资成本获得经营所需的资金。企业筹资渠道主要有两种：一是企业自筹；二是企业债务。

（2）资金运用战略决策是指企业通过合理有效的资金分配，在维持企业生产经营需要的同时，不断提高企业的资金的利用效率，达到资金的最佳利用率的一种战略。在企业中，企业的投资可包括生产性资本投资和金融性资本投资等。无论哪种类型的投资都是使企业的资金获取最大收益，同时企业必须通过投资方向和投资方式的选择来确定合理的投资结构，以提高投资效益，降低投资风险。

（3）企业财务战略效益评估是指以财务报表和其他资料为依据和起点，采用专门的方法，系统分析与评价企业过去和现在的经营成果、财务状况及变动情况，目的是了解过去、评价现在、预测未来，帮助企业来改善决策。

企业在制定财务战略时，必须要考虑不同利益相关者的期望，这样才能确保财务战略得以实施。企业的利益相关者主要包括股东、债权人、供应商、企业雇员等。

股东是企业的所有者，但并不直接参与企业的经营管理活动。股东的目标是使企业的财富最大化，他们最关心的是如何评价他们投资的质量，同时也关心他们所期望的股利收益和资本收益（反映在股票价格上）。因此，股东主要关心每股收益、市盈率、股利收益等指标。出于他们自身的目的，当企业进行经营决策时，他们会做出反应。

债权人将资金借给企业后，其目标是到期时收回本金，并获得约定的利息收入。而企业借款的目的是用它扩大经营，投入有风险的生产经营项目，因此债权人要把风险的相应报酬纳入利率。债权人关心的是企业现有资产的风险、预计新添资产的风险、企业现有的负债比率、企业未来的资本结构等。

供应商是企业材料的提供者，当企业存在赊购材料时，他们主要关心企业的流动比率、速动比率、超速动比率的大小，因为这些比率是衡量企业短期偿债能力的重要指标。如果这些比率较高，则说明企业的短期偿债能力强，供应商面临的风险不大。反之，若这些比率不断降低，则说明供应商面临的风险越来越大。

企业的雇员是真正经营、管理企业的人员，他们关心的主要是企业能否及时、足额地发放工资，以及企业的各种福利政策。这些主要看企业是否有盈利及是否有充足的现金。

从上述内容我们可以看出，不同的利益相关者对企业关心的角度是不同的。因此，企业在制定财务战略决策时，要平衡各利益相关者的利益才能确保财务战略决策的实施。

二、企业筹资战略

企业筹资就是企业根据其生产经营、对外投资及调整资金结构等需要，通过一定的渠道，采取适当的方式，获取所需资金的一种行为。企业筹资决策的关键是决定各种资金来源在资金总额中所占的比重，即确定资本结构，以使筹资风险和筹资成本相配合。

（一）企业资金的种类

企业的资金来源按不同的标准，可分为以下几种资金：

1.权益资金和借入资金

权益资金是指企业股东提供的资金。它不需要归还，筹资风险小，但其期望的报酬率高。

借入资金是指债权人提供的资金。它需按期归还，有一定的风险，但其要求的报酬率比权益资金低。

权益资金和借入资金的比例关系我们称为"资本结构"。一般说来，完全通过权益资金经营是不明智的，因为企业不能得到负债经营的好处；但负债的比例大则风险也大，企业随时可能陷入财务危机。筹资决策的一个重要内容就是如何确定最佳的资本结构。

2.长期资金和短期资金

长期资金是指企业可长期使用的资金，包括权益资金和长期负债。权益资金不需要归还，企业可以长期使用，属于长期资金。此外，长期借款也属于长期资金。有时，习惯上把一年以上至五年以内的借款称为中期资金，而把五年以上的借款称为长期资金。

短期资金一般是指一年内要归还的短期借款。一般说来，短期资金的筹集应主要解决临时的资金需要。例如，在生产经营旺季需要的资金比较多，可借入短期借款，度过生产经营旺季则归还。

长期资金和短期资金的筹资速度、筹资成本、筹资风险以及借款时企业所受的限制均有所区别。如何安排长期和短期筹资的相对比重，是筹资决策需要解决的另一个重要问题。

（二）企业筹资的原则

企业在进行筹资决策时，要遵循以下原则：

1.规模适当原则

不同时期企业的资金需求量是不同的，企业的财务人员要认真分析企业研发、生产、经营和营销等状况，采用一定的方法，预测资金的需要数量，合理确定筹资规模。这样，企业既可避免因资金筹集不足影响生产经营的正常运转，又可防止资金筹集过多，造成资金闲置浪费。

2.筹措及时原则

企业的财务人员在筹集资金时，必须知道资金时间价值的原理和计算方法，以便根据资金需求的具体情况，合理安排资金的筹集时间，适时获取所需资金。这样，企业既能防止过早筹集资金，造成资金闲置，又能防止资金的时间滞后，影响企业的正常生产经营活动。

3.资本结构合理原则

资金的来源渠道和资金市场为企业提供了资金和筹资场所，它反映了资金的分布状况和供求关系，决定着筹资的难易程度。不同来源的资金，对企业的收益和成本有着不同的影响。

4.经济原则

在确定筹资数量、筹资时间、资金来源的基础上，企业在筹资时还必须认真研究各种筹资方式。企业筹集资金必然要付出一定的代价，在不同的筹资方式下，资金成本有高有低，为此，就需要企业对各种筹资方式进行分析、对比，选择经济、可行的筹资方式。

三、企业资金运用战略

企业筹集到资金后，要将资金进行有效的运用。企业资金运用战略就是通过合理有效的资金分配，在维持企业生产经营需要的同时，不断提高资金的利用效率，达到资金的最佳利用率的一种战略。有效的资金运用既可避免因企业出现资金不足而影响企业生产经营，又能够有效地利用企业的闲置资金，降低企业的资金成本，提高资金的利用效率。企业资金运用主要包括：营运资金运用、项目投资、证券投资和收益分配等。

营运资金是流动资产减去流动负债后的差额。企业的营运资金的多少会影响到企业的收益率，企业在对营运资金进行管理时，既要防止营运资金的不足，又要避免营运资金的过多。在对营运资金进行管理时，应注意以下资产的管理：

（一）现金的管理

现金是指在生产过程中暂时停留在货币形态的资金，包括现金、银行存款、银行本票和银行汇票等。现金是变现能力最强的资产，可以满足企业生产经营的各种需要。企业置存现金的原因主要是满足交易性需要、预防性需要和投机性需要。

交易性需要是指满足日常业务的现金支付需要。企业经常得到收入，也经常发生支出，两者不可能同步同量。收入多于支出，形成现金置存；收入少于支出，需要借入现金。企业必须维持适当的现金余额，才能使业务活动正常地进行下去。

预防性需要是指置存现金以防发生意外的支付。企业会出现料想不到的开支，现金流量的不确定性越大，预防性现金的数额也应越大；反之，企业现金流量的可预测性强，预防性现金数额则可小些。此外，预防性现金数额还与企业的借款能力有关，如果企业能够很容易地借到短期资金，也可以减少预防性现金的数额，否则就应扩大预防性现金数额。

投机性需要是指置存现金用于不寻常的购买机会，比如遇有廉价原材料或其他资产供应的机会，便可用手头现金大量购入；再比如在适当时机购入价格有利的股票和其他有价证券等。当然，一般地说，企业专为投机性需要而特殊置存现金的情况并不多，当遇到不寻常的购买机会时，企业常常会设法临时筹集资金，但拥有相当数额的现金确实为突然的大批采购提供了方便。

企业缺乏必要的现金，将不能应付业务开支，使企业蒙受损失。企业由此而造成的损失，称之为短缺现金成本。短缺现金成本不考虑企业其他资产的变现能力，仅就不能以充足的现金支付购买费用而言，内容上大致包括：丧失购买机会（甚至会因缺乏现金不能及时购买原材料，而使生产中断造成停工损失）、造成信用损失和得不到折扣好处。其中失去信用而造成的损失难以准确计量，但其影响往往很大，甚至导致供货方拒绝或拖延供货，债权人要求清算等。但是，如果企业置存过量的现金，又会因这些资金不能投入周转无法取得盈利而遭受另一些损失。此外，在市场正常的情况下，一般说来，流动性强的资产，其收益性较低，这意味着企业应尽可能少地置存现金，即使不将其投入本企业的经营周转，也应尽可能多地投资于能产生高收益的其他资产，避免资金闲置或用于低收益资产而带来损失。这样，企业便面临现金不足和现金过量两方面的威胁。企业现金管理的目标，就是要在资产的流动性和盈利能力之间做出抉择，以获取最大的长期利润。

因此，企业要做好现金的日常收支，加快现金流转速度，并控制好现金持有规模，保持最佳的现金持有量。

（二）应收账款管理

应收账款是指因对外销售产品、材料、供应劳务及其他原因，应向购货单位或接受服务的单位及其他单位收取的款项。企业发生应收账款的主要原因是商业竞争。企业为了增强自身的竞争力，迫使其以各种手段扩大销售，除了依靠产品的质量、价格、售后服务、广告等外，赊销是扩大销售的有力手段之一。所以，企业会因赊销而发生大量的应收账款，既然企业发生应收账款的主要原因是扩大销售，增强竞争力，那么其管理的目标就是求得利润。应收账款是企业的一项资金投放，是为了扩大销售和盈利而进行的投资。而投资是要发生成本的，因此就需要在应收账款信用政策所增加的盈利和这种政策的成本之间做出权衡。只有当应收账款所增加的盈利超过所增加的成本时，才应当实施应收账款赊销策略。

（三）存货管理

存货是指企业在生产经营过程中为销售或者耗用而储备的物资。若企业在需要时能够随时购入所需的货物，则企业无需存货，也就是实现零存货。但实际上，企业为了保证生产、销售的需要或出自价格的考虑，总是有着存货的需要，并因此占用或多或少的资金。存货占用资金是有成本的，占用过多会使利息支出增加并导致利润的损失，各项开支的增加将直接使成本上升。因此，对存货的管理就是尽力权衡各种存货成本与存货效益，使两者达到最佳结合。

四、企业财务战略效益评估

企业财务战略效益评估是指以财务报表和其他资料为依据和起点，采用专门的方法，系统分析和评价企业过去和现在的经营成果、财务状况及其变动情况，目的是了解过去、评价现在、预测未来，帮助利益关系集团改善决策。由于不同的利益相关者对企业要求和期望不同，这就要求企业财务战略效益评估的各项指标要根据不同利益相关者的要求进行及时的调整，以保证企业财务战略的有效实施。企业财务战略效益评估主要包括以下几方面的指标分析。

（一）偿债能力分析

1.短期偿债能力分析

短期偿债能力就是企业流动资产对流动负债及时足额偿还的保障能力，它是衡量企业当前财务实力，特别是流动资产变现能力的重要标志。企业一般用流动资产还债，不可能把固定资产变卖还债，除非企业要进行非持续经营。

（1）流动比率

流动比率是流动资产总额与流动负债总额的比率。其计算公式为：

流动比率=流动资产总额÷流动负债总额

企业的流动资产不断变现，流动负债不断到期，该比率越大，说明企业的短期偿债能力越强。对于债权人而言，为保证自己的利益，往往会对企业的流动比率有一定要求，甚至可能签订协议，以免企业破产、债权人遭受损失。对企业而言，经营者要求流动比率太高或太低都不好。若该比率太高，说明企业的流动资产使用效率低；若太低，则会使债权人对企业的信心不足，企业会筹借不到资金。一般来说，制造企业的流动比率为2比较合适，商品流通企业大于2也属正常。

（2）速动比率

速动比率也称酸性测试比率，是指在流动资产总额中扣除存货项目后的余额与流动负债总额的比率。其计算公式为：

速动比率=（流动资产总额－存货）÷流动负债总额

该比率比流动比率更能说明企业的短期偿债能力。因为企业的存货在流动资产中所占的比例较大，在流动资产中，存货的变现能力最弱，所以剔除存货等变现能力弱的因素，这样的测试就更加严格，该指标的分析同流动比率。

2.长期偿债能力分析

（1）资产负债率

资产负债率是企业负债总额与资产总额的比率。它表明企业资产总额中，债权人提供资金所占的比重，以及企业资产对债权人权益的保障程度。其计算公式为：

资产负债率=负债总额÷资产总额

对于债权人而言，该指标越低，债权人越有保障。对于所有者而言，股东往往用预期投资收益率（资产经营率）与借债利息率进行比较来做判断，若前者大于后者，则资产负债率大些好，这说明企业管理有方，能做到"借鸡生蛋"。但是该指标过大，则企业可能要承担较大的破产风险。

（2）产权比率

产权比率是指负债总额与所有者权益总额的比率，是企业财务结构稳健与否的重要标志，也称资本负债率。其计算公式为：

产权比率=负债总额÷所有者权益总额

对债权人来讲，该比率越低，借款越有保障。

（3）有形净值负债率

有形净值负债率是企业负债总额与有形净值的比率。有形净值是所有者权益总额减去无形资产净值后的净值。其计算公式为：

有形净值负债率=负债总额÷（所有者权益总额−无形资产净值）

有形净值负债率指标实质上是产权比率指标的延伸，它更为谨慎、保守地反映在企业清算时债权人投入的资本受到所有者权益保障的程度。从长期偿债能力来讲，该比率越低越好。所谓谨慎和保守，是因为该指标不考虑无形资产的价值，因为无形资产的偿债能力在实际中有时无法确定。

（4）利息保障倍数（已获利息倍数）

利息保障倍数指标反映企业息税前利润为所需支付的债务利息的多少倍。其计算公式为：

利息保障倍数=（利润总额+利息费用）÷利息费用

只要已获利息倍数足够大，企业就有充足的能力偿付利息，否则相反。

（二）营运能力分析

营运能力分析是指企业基于外部市场环境的约束，通过内部人力资源和生产资料的配置组合而对财务战略所产生作用的大小进行分析的指标体系。常见的有应收账款周转速度、存货周转速度、流动资产周转率、固定资产周转率、总资产周转率等。

1.应收账款周转速度

企业应收账款周转速度的指标包括应收账款周转率和应收账款周转天数。其计算公式为：

应收账款周转率（次数）=销售净额÷平均应收账款

应收账款周转天数=360÷应收账款周转率=平均应收账款×360÷销售净额

一般来说，应收账款周转率越高，表明收账越迅速，账龄越短，资产流动性越强，短期偿债能力越强，可减少收账费用和坏账损失。应收账款周转天数说明应收账款回收的天数，该指标越短越好。

2.存货周转速度

企业存货周转速度的指标包括存货周转率和存货周转天数。其计算公式为：

存货周转率（次数）=销货成本÷平均存货

存货周转天数=360÷存货周转率=平均存货×360÷销货成本

一般来说，存货周转速度越快，存货的占用水平越低，流动性越强，存货转换为现金、应收账款的速度越快。提高存货周转率可以提高企业的变现能力，而存货周转速度越慢则变现能力越差。因此，存货周转率（次数）越大越好，而存货周转天数则越少越好。

3.流动资产周转率

流动资产周转率是销售净额与流动资产的平均余额的比值。其计算公式为：

流动资产周转率=销售净额÷平均流动资产

流动资产周转率反映流动资产的周转速度。周转速度快，会相对节约流动资产，等于相对扩大资产投入，增强企业盈利能力。而延缓周转速度，则需要补充流动资产参加周转，会形成资金浪费，降低企业盈利能力。

4.固定资产周转率

固定资产周转率是销售净额与固定资产净值的平均余额的比值。其计算公式为：

固定资产周转率=销售净额÷平均固定资产净值

一般来说，固定资产周转率高，则周转次数多，说明企业利用固定资产进行经营的效率高，固定资产利用效果好，进而使企业的偿债能力和获利能力得到增强；反之，则说明企业经营效率低，固定资产利用效果差。

5.总资产周转率

总资产周转率是销售净额与平均资产总额的比值。其计算公式为：

总资产周转率=销售净额÷平均资产总额

总资产周转率越高，周转越快，反映企业销售能力越强。企业可以通过薄利多销的办法，加速资产的周转，带来利润绝对额的增加。

（三）盈利能力分析

盈利能力是企业赚取利润的能力。不论是投资人、债权人还是企业经营人员，都日益重视和关心企业的盈利能力。反映企业盈利能力的指标很多，通常使用的主要有销售净利率、成本费用利润率、资产净利率和净资产收益率等。

1.销售净利率

销售净利率是净利润与销售收入的百分比。其计算公式为：

销售净利率=（净利润÷销售收入）×100%

销售净利率越高，说明企业的获利水平越高，那么企业在增加销售收入额的同时，必然会相应地获得更高的净利润。如果没有实现这样的目标，则说明企业的经营管理出现了问题。因此，通过分析销售净利率的升降变动，可促使企业在扩大销售的同时，注意改进经营管理，提高盈利水平。

2.成本费用利润率

成本费用利润率是利润总额与成本费用总额的百分比。其计算公式为：

成本费用利润率=（利润总额÷成本费用总额）×100%

成本费用利润率越高，说明企业为取得利润而付出的代价越小，企业成本费用控制得越好，企业的获利能力越强。

3.资产净利率

资产净利率是企业净利润与平均资产总额的百分比。其计算公式为：

资产净利率=（净利润÷平均资产总额）×100%

该指标越高，表明企业的资产利用效率越好、企业的盈利能力越强、经营管理水平越高。

4.净资产收益率

净资产收益率是净利润与平均净资产的百分比。其计算公式为：

净资产收益率=（净利润÷平均净资产）×100%

净资产收益率是企业盈利能力指标的核心，也是整个财务指标体系的核心。在一般情况下，该指标越高，表明企业自有资金获取收益的能力越强，对企业投资人、债权人的保障程度越高。

（四）发展能力分析

发展能力分析是指对企业未来年度的发展前景及潜力进行分析，主要包括以下几个指标：

1.销售增长率

销售增长率是指企业本年销售增长额同上年销售收入总额的比率。其计算公式为：

销售增长率＝本年销售增长额÷上年销售收入总额×100%

销售增长率大于0，说明企业的销售收入有所增长，指标值越大，表明企业的销售增长速度越快，企业市场前景越好；若销售增长率小于0，说明企业的产品不适销对路，市场份额萎缩。

2.总资产增长率

总资产增长率是企业本年总资产增长额同年初资产总额的比率。其计算公式为：

总资产增长率＝本年总资产增长额÷年初资产总额×100%

总资产增长率大于0，说明企业的本期总资产有所增长，指标值越大，表明企业的总资产增长速度越快，企业发展潜力越大；若总资产增长率小于0，表明企业发展速度下降，发展能力减弱。

3.固定资产成新率

固定资产成新率是企业平均固定资产净值同平均固定资产原值的比率。其计算公式为：

固定资产成新率＝平均固定资产净值÷平均固定资产原值×100%

固定资产成新率越高，表明企业固定资产更新速度越快，企业持续发展能力越强。

［思考与创新］

1.说一说，你所理解的ERP沙盘课程有哪些特色。

2.说一说，你认为学习ERP沙盘课程应掌握哪些相关知识。

3.谈一谈，你目前所掌握的相关管理理论知识是否充分，还需要进行哪方面的补充。

第二章

ERP沙盘初步

ERP沙盘模拟课程将纸上谈兵变成了沙场演练，使枯燥的课程变得生动有趣，可以激起受训者的参与热情，并能充分发挥他们的想象力和创造力。让我们马上开始沙盘之旅吧！

● 第一节 模拟企业初始状态设定

我们从企业的资产负债表和利润表中可以了解企业的财务状况及经营成果，但若想了解企业更为详细的信息，如长期借款何时到期，应收账款何时回笼等，则需要让学员掌握模拟企业的具体运营流程。

在ERP沙盘模拟比赛时，为了让各个模拟企业有一个公平的竞争环境，首先需要统一设定模拟企业的初始状态。

一、资金分布及盘面分布

假设每个模拟企业总资产均为1.05亿元（模拟货币单位，下同），因此各模拟企业目前均拥有105个彩币，包括10个红色彩币（原材料价值）和95个灰色彩币（其他相关资产的价值），每个彩币的价值为100万元。企业的资金分布情况见简易式资产负债表，如表2-1所示。

按照上述的简易式资产负债表上的各项目排列顺序将企业资金分布状况复原到沙盘上（如图2-1所示），复原的过程中最好请每个角色各司其职，以熟悉本岗位工作。在模拟过程中，我们用大写字母"M"来表示模拟货币单位名称，代表百万元。具体分布情况如下：

（一）流动资产52M

流动资产包括现金、应收账款、存货等，其中存货又包括在制品、产成品和原材料。

1.现金20M

财务总监需拿出20个灰币，放置于现金库位置。

2.应收账款15M

为获得尽可能多的客户，企业一般采用赊销策略，即允许客户在一定期限内缴清货款而非货到即付款。在模拟过程中，我们假定应收账款最长为4个账期（即4个季度的时间），目前该模拟企业的应收账款为3账期，财务总监需拿出15个灰币，置于应收账款3账期位置。

> 说明：账期的单位为季度，离现金库最近的为1账期，最远的为4账期。

表2-1   **简易式资产负债表**   单位：百万元

资　　产	期末数	负债和所有者权益	期末数
流动资产：		负债：	
现金	20	长期负债	40
应收款	15	短期负债	
在制品	8	应付账款	
产成品	6	应交税费	1
原料	3	一年内到期的长期负债	
流动资产合计	52	负债合计	41
固定资产：		所有者权益：	
土地和建筑物	40	股东资本	50
机器与设备	13	利润留存	11
在建工程		年度净利	3
固定资产合计	53	所有者权益合计	64
资产总计	105	负债和所有者权益总计	105

3.在制品8M

在制品是指处于加工过程中，尚未完工入库的产品。大厂房里有3条手工生产线、1条半自动生产线，每条生产线上各有1个P1在制品。手工生产线的生产周期为3期，靠近原料库的为第一周期，3条手工生产线上的3个P1在制品分别位于第一、二、三生产周期。半自动生产线的生产周期是2期，P1在制品位于第一生产周期。

在模拟过程中，我们假定P1产品成本由两部分构成：R1原料费1M和人工费1M。生产人员需将1个R1原料（红币）和1个人工费（灰币）构成1个P1产品放置于P1产品处。由生产总监、采购总监与财务总监配合制作4个P1在制品并摆放到生产线上的相应位置。

4.产成品6M

P1成品库中有3个产成品，每个产成品同样由1个R1原料费1M和人工费1M构成。由生产总监、采购总监与财务总监配合制作3个P1产成品并摆放到P1成品库中。

5.原料3M

R1原料库中有3个R1原料，每个价值1M。由采购总监取3个空桶，每个空桶中分别放置1个R1原料（红币），并摆放到R1原料库。

除以上需要明确表示的价值之外，还有已向供应商发出的采购订货，预订R1原料2个，采购总监将2个空桶放置到R1原料订单处。

图2-1 沙盘平面图

（二）固定资产 53M

固定资产包括土地及厂房、生产设施等。

1.大厂房 40M

企业拥有自主厂房（大厂房）1幢，净值40M。请财务总监将等值资金的灰币用桶装好放置于大厂房处。

2.设备账面价值 13M

企业创办3年来，已购置了3条手工生产线和1条半自动生产线，扣除折旧，目前手工生产线账面价值为3M，半自动生产线账面价值为4M。请财务总监取4个空桶，分别置入3M、3M、3M、4M等值的灰币，并放置于生产线下方的"生产线净值"处。

（三）负债 41M

负债包括短期负债、长期负债及各项应付款。

1.长期负债 40M

企业共有长期借款40M，其中4年期的长期借款20M，5年期的长期借款20M，财务总监需将2个能装有20M的空桶分别放置于长期借款处第四年和第五年位置上。

> 说明：对长期借款来说，沙盘上的纵列代表年度，离现金库最近的为第一年，依此类推。对短期借款来说，沙盘上的纵列代表季度，离现金库最近的为第一季度。如果以高利贷方式融资，可用倒置的空桶表示，于短期借款处放置。

2.应付税 1M

企业上一年税前利润4M，按规定需交纳1M税金。税金是下一年度交纳，此时沙盘盘面上不做对应操作。

二、初始状态的其他设置

在初始状态中，除了按照资产负债表上的价值分布定位，还有两个R1原材料订单。

至此，模拟企业的初始状态设定完成。

● 第二节　模拟企业初始年的运营

在模拟企业初始状态设定后，我们通过初始年的模仿运营，可使参训者熟悉操作流程，为以后自己独立经营打下基础，使其成为真正的驾驭沙盘的行家里手。

在初始年运行时，我们假设：

（1）年初支付1M广告费；

（2）不作任何贷款；

（3）每季度下1个R1原料订单；

（4）不作任何投资（包括产品开发、市场开发和生产线的投资等）；

（5）企业的长期贷款年利率为10%，短期贷款年利率为5%。

一、每季经营运行流程

1.第一季（期）

（1）由CEO召开新年度规划会议，由于初始年按照原来制定的规划进行生产，即只生产P1产品，不作其他项目的开发和更新，因此没有更多的讨论。开完会后CEO在第一行的相应表格内划"√"号。

（2）营销总监参加订货会议，初始年并无悬念，每个企业都投了1M广告费，得到1张相同的订单，如图2-2所示。

第0年	订单 NO.2
	本地市场　　　　P1产品
产品数量：6	
产品单价：5.4M/个	
总金额：32M(取整)	
应收账期：2Q	

图2-2　订单

说明：图中的Q表示1个季度的时间长度，应收账期2Q意思为2个季度才能收现。

（3）财务总监在第二行的表格内写入"-1M"，表示支出1M，如表2-2所示。

表2-2　　　　　　　　　　　　　　　　示意表

新年度规划会议	√			
参加订货会/登记销售订单	-1M			

（4）销售会议完成后，将市场订单登记在表2-3中。完成此步后CEO在相应格内划"√"号。

表2-3　　　　　　　　　　　　　　　商品核算统计表

订单号	1			合计
市　　场	本地			
产　　品	P1			
数　　量	6			
账　　期	2Q			
销售额				
成　　本				
毛　　利				

> 说明：销售额、成本和毛利在交货时再填写。

（5）制订新年度计划。现有4条设备均已满负荷生产，按照计划，本年不作其他开发和投资。

（6）支付应付税。根据上一年结出的应付税金，取1个灰币放入沙盘中财务区内的应交税位置上，在对应格内填入"-1M"。

（7）季初现金盘点。期初库存现金数为20M，参加订货会和交纳应付税金共支付2M，所以在对应格内填入"18M"。

（8）更新短期贷款/还本付息/申请短期贷款（高利贷）。本栏是反映短期贷款在这一时期中的借贷与更新。因初始年没有短期贷款，所以在对应格内填入"×"号。

（9）更新应付款/归还应付款。当企业购入其他企业产品时，会有此项发生。因初始年没有此项业务，所以在对应格内填入"×"号。

（10）原材料入库/更新原料订单。将上一期预订的2个R1原材料支付2M现金后取回，放入原料库，所以此处填入"-2M"。

（11）下原料订单。按初始年运作提示，每季度要为下个季度下1个R1原料订单，取1个空杯，里面放入1张小纸条，上写"原材料R1 1个"，放入订单区中，对应格内填入"√"号。

（12）更新生产/完工入库。将盘面上的在产品依次推入下一格，下线的产品放入成品库，对应格内填入"√"号。

（13）投资新生产线/变卖生产线/生产线转产。初始年没有此项业务，在对应格内填入"×"号。

（14）向其他企业购买原材料/出售原材料。初始年没有此项业务，在对应格内填入"×"号。

（15）开始下一批生产。在原料库里取1个R1原料，同时取1M现金（人工成本），做成P1在制品放在空出的生产线的第一期格内。由于支付了1个灰币的人工费，所以在对应格内填入"-1M"。

（16）更新应收款/应收款收现。将现有的应收账款向现金方向移动一格，若有移出的应收账款则放入现金的位置。本期的操作是将15M应收账款从第三期移入第二期，对应格内填入"√"号。

（17）出售厂房。初始年没有此项业务，在对应格内填入"×"号。

（18）向其他企业购买成品/出售成品。初始年没有此项业务，在对应格内填入"×"号。

（19）按订单交货。查点成品库成品数量，不够交货数量，没有操作，填入"×"号。若有货，则按单交货，在对应格内应填入"√"号。

（20）产品研发投资。初始年没有此项业务，在对应格内填入"×"号。

（21）支付行政管理费。比赛规则规定每期必须支付1M行政管理费。取1个灰币放入沙盘中财务区里的管理费位置上，在对应格内填入"-1M"。

（22）其他现金收支情况登记。初始年没有此项业务，在对应格内填入"×"号。

（23）现金收入合计。本期没有现金收入，在对应格内填入"0M"。

（24）现金支出合计。本期共支出现金4M，在对应格内填入"4M"。

（25）期末现金对账。季初现金盘点18M，加本期现金收入0M，减本期现金支出4M，得14M，在对应的格内填入"14M"。

2.第二季（期）

为了简化，在第二季的说明里，只对有操作的项目加以说明，空白项目则略过，以下各季做法同此季。本季中需填写的内容为表格的第三列。

（1）季初现金盘点。期初现金数为14M，所以在对应格内填"14M"。

（2）原材料入库/更新原料订单。将上一期预订的1个R1原材料支付1M现金后取回，放入原料库，在对应格内填入"-1M"。

（3）下原料订单。为下一季度下1个R1原料订单，取1空杯，里面放入1张小纸条，上写"原材料R1 1个"，放入订单区中，对应格内填入"√"号。

（4）更新生产/完工入库。将盘面上的在产品依次推入下一工序，下线的2个产品放入成品库，对应格内填入"√"号。

（5）开始下一批生产。做成 2 个 P1 在制品放在空出的生产线的第一期格内，对应格里填入"–2M"。

（6）更新应收款/应收款收现。将现有的应收账款向现金方向移动一格。本期的操作是将 15M 应收账款从第二期移入第一期，在对应格内填入"√"号。

（7）按订单交货。查点成品库成品数量，够交货数量，按单交货，填入"√"号。

（8）支付行政管理费。取 1 个灰币放入沙盘中财务区里的管理费位置上，在对应格内填入"–1M"。

（9）现金收入合计。因本期没有现金收入，在对应格内填入"0M"。

（10）现金支出合计。本期共支出现金 4M，在对应格内填入"4M"。

（11）期末现金对账。季初现金盘点 14M，加本期现金收入 0M，减本期现金支出 4M，得 10M，在对应格内填入"10M"。

3.第三季（期）

（1）季初现金盘点。期初现金数为 10M，所以在对应格内填入"10M"。

（2）原材料入库/更新原料订单。将上一期预订的 1 个 R1 原材料支付 1M 现金后取回，放入原料库，在对应格内填入"–1M"。

（3）下原料订单。为下一季度下 1 个 R1 原料订单，取 1 空杯，里面放入 1 张小纸条，上写"原材料 R1 1 个"，放入订单区中，对应格内填入"√"号。

（4）更新生产/完工入库。将盘面上在产品依次推入下一工序，下线 1 个 P1 产品，将其放入成品库，对应格内填入"√"号。

（5）开始下一批生产。做成 1 个 P1 在制品放在空出的生产线的第一期位置上，对应格里填入"–1M"。

（6）更新应收款/应收款收现。将现有的应收账款向现金方向移动一格。本期的操作是将 15M 应收账款从第一期移入现金库中，并将 32M 应收账款从第二期移入第一期，对应格内填入"15M"。

（7）支付行政管理费。取 1 个灰币放入沙盘中财务区里的管理费位置上，在对应格内填入"–1M"。

（8）现金收入合计。本期有应收账款收现 15M，在对应格内填入"15M"。

（9）现金支出合计。本期共支出现金 3M，填入"3M"。

（10）期末现金对账。季初现金盘点 10M，加本期现金收入 15M，减本期现金支出 3M，得 22M，在对应格内填入"22M"。

4.第四季（期）

（1）季初现金盘点。期初现金数为 22M，在对应格内填入"22M"。

（2）原材料入库/更新原料订单，将上一期预订的 1 个 R1 原材料支付 1M 现金后取回，放入原料库，在对应格内填入"–1M"。

（3）下原料订单。为下一季度下 1 个 R1 原料订单，取 1 空杯，里面放入 1 张小纸条，上写"原材料 R1 1 个"，放入订单区中，对应格内填入"√"号。

（4）更新生产/完工入库。将盘面上在产品依次推入下一工序，下线 2 个 P1 产品，将其放入成品库，对应格内填入"√"号。

（5）开始下一批生产。做成 2 个 P1 在制品放在空出的生产线的第一期格内，对应表

格里填入 "-2M"。

（6）更新应收款/应收款收现。将现有的应收账款向现金方向移动一格。本期的操作是将32M应收账款从第一期移入现金库中，对应格内填入 "32M"。

（7）支付行政管理费。取1个灰币放入沙盘中财务区里的管理费位置上，在对应格内填入 "-1M"。

（8）支付利息/更新长期贷款/申请长期贷款。将现有的长期贷款向现金方向移动一格，代表一年，若有移出者需用现金归还，同时支付利息。具体操作是将第四年的20M移入第三年格内，五年的长期贷款移入第四年格内，同时支付利息4M，取4个灰币放入沙盘中财务区里的利息位置上，在对应格内填入 "-4M"。

（9）支付设备维护费。每年末按已生产的生产线数支付此项费用，每条生产线1M。现有4条生产线，取4个灰币放入沙盘中财务区里的维修费位置上，在对应格内填入 "-4M"。

（10）支付租金/购买厂房。初始年没有此项业务，在对应格内填入 "×" 号。

（11）计提折旧。按规则，每条设备按净值的1/3取整数部分来计算折旧。具体情况是在4条机器前的净值杯里各取出1个币，放入沙盘中财务区里的折旧位置上，在对应格内填入 "4M"。由于不实际支付现金，故此数字在表中用 "（）" 标出。

（12）新市场开拓/ISO资格认证投资。初始年没有此项业务，在对应格内填入 "×" 号。

（13）结账。将期末数字转入下一年期初，在对应格内填入 "√" 号。

（14）现金收入合计。本期应收账款收现32M，在对应格内填入 "32M"。

（15）现金支出合计。本期共有现金支出12M，在对应格内填入 "12M"。

（16）期末现金对账。季初现金盘点22M，加本期现金收入32M，减本期现金支出12M，得42M，在对应格内填入 "42M"。

一年的经营结果如表2-4所示。

表2-4 初始年经营表

内 容	一季度	二季度	三季度	四季度
新年度规划会议	√			
参加订货会/登记销售订单	-1M			
制订新年度计划	√			
支付应付税	-1M			
季初现金盘点（请填余额）[①]	18M	14M	10M	22M
更新短期贷款/还本付息/申请短期贷款（高利贷）	×	×	×	×
更新应付款/归还应付款	×	×	×	×
原材料入库/更新原料订单	-2M	-1M	-1M	-1M

续表

内　容	一季度	二季度	三季度	四季度
下原料订单	√	√	√	√
更新生产/完工入库	√	√	√	√
投资新生产线/变卖生产线/生产线转产	×	×	×	×
向其他企业购买原材料/出售原材料	×	×	×	×
开始下一批生产	−1M	−2M	−1M	−2M
更新应收款/应收款收现	√	√	15M	32M
出售厂房	×	×	×	×
向其他企业购买成品/出售成品	×	×	×	×
按订单交货	×	√		
产品研发投资	×			
支付行政管理费	−1M	−1M	−1M	−1M
其他现金收支情况登记	×	×	×	×
支付利息/更新长期贷款/申请长期贷款				−4M
支付设备维护费				−4M
支付租金/购买厂房				×
计提折旧				（4M）
新市场开拓/ISO资格认证投资				×
结账				√
现金收入合计	0M	0M	15M	32M
现金支出合计	4M	4M	3M	12M
期末现金对账（请填余额）[②]	14M	10M	22M	42M

说明：①第一季度的季初现金盘点余额为上年度第四季度的期末现金余额数扣除已支付的广告费和上交的税金后的数额。以后各季的季初现金盘点数额为上一季度末的现金余额。②期末现金余额=季初现金盘点+现金收入合计−现金支出合计

二、商品核算统计表

交货时要填写、记录商品核算表，到年末统计出全年的商品销售，并填写商品核算统计表，如表2-5所示。

表 2-5　　　　　　　　　　　　　　商品核算统计表

项 目	P1	P2	P3	P4	合计
数 量	6				6
销售额	32M				32M
成 本	12M				12M
毛 利	20M				20M

三、费用明细表

将全年的费用汇总，填写全年的费用明细表，如表 2-6 所示。

表 2-6　　　　　　　　　　　　　　费用明细表

项 目	金 额	备 注
管理费	4M	
广告费	1M	
保养费	4M	
租 金		
转产费		
市场准入开拓		□区域　□国内　□亚洲　□国际
ISO 资格认证		□ISO 9000　□ISO 14000
产品研发		P2(　)　P3(　)　P4(　)
其 他		
合 计	9M	

四、利润表

根据本年发生的经济业务，编制本年的简易式利润表，如表 2-7 所示。

表 2-7　　　　　　　　　　　　　　简易式利润表　　　　　　　　　　单位：百万元

项 目	上年数	本年数
一、销售收入		32
减：直接成本		12
二、毛利		20
减：综合费用		9
三、折旧前利润		11
减：折旧		4
四、支付利息前利润		7
加：财务收入/支出(支出以负数表示)		-4
加：其他收入/支出(支出以负数表示)		
五、税前利润		3
减：所得税		1*
六、净利润		2

说明：*比赛规则规定所得税税率为33%，为了方便计算，只取整数部分，不进行四舍五入的计算。

五、资产负债表

根据本年发生的经济业务，年末编制本年的简易式资产负债表，如表2-8所示。

表2-8　　　　　　　　　　　　　　简易式资产负债表　　　　　　　　　　　　　单位：百万元

资　产	期初数	期末数	负债和所有者权益	期初数	期末数
流动资产：			负债：		
现金	20	42	长期负债	40	40
应收款	15	0	短期负债		
在制品	8	8	应付账款		
产成品	6	6	应交税费	1	1
原料	3	2	一年内到期的长期负债		
流动资产合计	52	58	负债合计	41	41
固定资产：			所有者权益：		
土地和建筑物	40	40	股东资本	50	50
机器与设备	13	9②	利润留存	11	14①
在建工程			年度净利	3	2
固定资产合计	53	49	所有者权益合计	64	66
资产总计	105	107	负债和所有者权益总计	105	107

说明：①期末利润留存数14M为上年的利润留存数11M加上上年度净利3M得来。②此处的机器与设备为净值，年初数为13M，扣减本年所计提的折旧4M，得净值为9M。比赛规则规定：折旧的计提按净值的1/3取整，净值小于3M的，每年按1M提取，提至0为止。这一点与实际情况不符，教师可根据实际需要来进行比赛规则的修订。

至此，经过初始年的运营后，企业盘面上状态如下：

（一）流动资产58M

1.现金42M；

2.在制品8M（4个P1产品）；

3.P1产成品6M（3个P1产品）；

4.原料2M（2个R1原料）；

5.订单处预订R1原料1个。

（二）固定资产49M

1.大厂房40M；

2.设备价值9M（3条手工生产线和1条半自动生产线，各自的净值分别为2M、2M、2M、3M）。

（三）负债41M

1.长期负债40M（在第三年和第四年位置上各有20M的长期贷款）；

2.应付税1M，税金下一年度交纳，盘面上没有直接反映。

盘面上共有107个彩币，其中98个灰色彩币、9个红色彩币。

● 第三节　卓越模拟公司运营实例

在本节中，延续上一节的初始年的经营，以卓越公司连续4年的经营为例，展现ERP沙盘的具体操作。

卓越公司由5人组成，其经营特点是经营稳重、步步为营，处处精打细算、谨慎有加，因此决定了该公司的经营路线--采用保守战略。

一、卓越公司第一年运营情况

1.新年度规划会议

在新年度规划会议上，大家讨论热烈，各持己见，最后CEO拍板做出以下决定：走专营路线，1年后停止P1产品的生产，以生产P3产品为主，广告采用保守策略。

具体决策内容如下：

（1）广告费投入：本地P1产品，投入资金1M；

（2）年末开发区域市场、国内市场和亚洲市场，各投入1M资金，共投入资金3M；

（3）从第一季度开始研发P3产品，每季度投入资金2M，本年共投入资金8M。

CEO决策理由：

（1）CEO认为，P3产品利润较大，别的企业不一定马上生产，所以很可能是一个冷门，我们企业会占优势，且专营生产，投入的资金少，不会在资金上有太大的压力。

（2）P1产品卖价走低，渐成鸡肋，可以淘汰。

（3）广告费要冲减利润，应尽量少投，如投入过多，同别的企业竞争，当得不到市场领导者的地位时，则可能会赔了夫人又折兵，造成资金的浪费。

在投入广告费之前，企业应根据自己的生产线来计算企业当年的产能，这样才能对广告的投入做到心中有数，在接订单时做到有的放矢。由于生产线的类型不同，生产产品的生产周期也不相同，因此，在计算产能时要格外仔细，以免计算错误，导致决策失误。企业产能的计算方法请参见本章的第四节。

2.订货会议

营销总监参加订货会议，投入1M广告费，本公司排名第六，得到1张订单，如图2-3所示。

第1年	订单 本地市场	NO.6 P1产品
产品数量：1 产品单价：6M/个 总金额：6M 应收账期：4Q		

图2-3　订单

3.制订本年度计划

除上述计划外，企业管理层又制订补充计划如下：

（1）得到订单后，现有4台设备满负荷生产P1产品。

（2）第一季开始研发P3产品，每季度投入资金2M。

> 说明：比赛规则规定，研发P3产品至少需要6期时间，共需资金12M。每期投入2M，但可以中断。累计资金达到12M，研发时间大于或等于6期时可以获得P3产品生产许可证。

（3）第三季开始投入全自动生产线资金4M，拟建1条全自动生产线。

> 说明：比赛规则规定，建全自动生产线至少需要4期时间，共需资金16M。每期投入4M，但可以中断。累计资金达到16M，建设时间大于或等于4期时全自动生产线可以生产产品。

此季度开始建设全自动生产线，第二年第三期就可投入使用，正好生产刚研发出来的P3产品。

（4）期末借入长期贷款60M。

> 说明：比赛规则规定，长期贷款的期限是5年期，利率为年利率10%，年末支付。长期借款是有限额的，计算公式是：上年的权益值×2-已借长期贷款额，之后向下调整为20的倍数。在借款时，企业不能超过借款的限额。本例中，企业的上年权益值为66M，已借长期贷款额为40M，计算如下：66×2-40=92M，调整为20的倍数为80M，故本企业本年的借款限额为80M。

（5）开拓区域市场、国内市场、亚洲市场，各市场分别投入1M，共3M。

> 说明：比赛规则规定，区域市场、国内市场、亚洲市场和国际市场都需要开拓，开拓时间分别为1年、2年、3年和4年，开拓资金各需要1M、2M、3M和4M，投资亦可中断，时间和资金达到标准后可获得市场准入证。

（6）投入ISO 9000认证和ISO 14000认证各1M，共2M。

> 说明：比赛规则规定，获取ISO 9000质量认证和ISO 14000环境认证亦需时间和资金，时间分别为2年和3年，资金各需要2M和3M，投资亦可中断，时间和资金达到标准后可获得相应资格。

（7）下一年准备卖掉手工生产线（比赛规则规定只有不生产的生产线才可出售），因此在进行到第四季度安排下一批生产时，将要卖掉的手工生产线不投原材料，无在制品（实际上，该生产线当年就可卖掉，这样可节省年末的设备维护费，但企业的经营者没有考虑到这一点，这也是初学者经常容易忽略的地方）。

4.公司当年经营情况

该公司第一年的经营情况如表2-9所示。

5.填写商品核算统计表

交货时要填写、记录商品核算表，到年末统计出全年的商品销售，并填写商品核算统计表，如表2-10所示。

6.填写费用明细表

将全年的费用汇总，填写全年的费用明细表，如表2-11所示。

表2-9 卓越公司第一年运营表

内　容	一季度	二季度	三季度	四季度
新年度规划会议	√			
参加订货会/登记销售订单	−1M			
制订新年度计划	√			
支付应付税	−1M			
季初现金盘点(请填余额)	40M	35M	29M	20M
更新短期贷款/还本付息/申请短期贷款(高利贷)	×	×	×	×
更新应付款/归还应付款	×	×	×	×
原材料入库/更新原料订单	−1M	−1M	−1M	−1M
下原料订单	√	√	√	√
更新生产/完工入库	√	√	√	√
投资新生产线/变卖生产线/生产线转产	×	×	−4M	−4M
向其他企业购买原材料/出售原材料	×	×	×	×
开始下一批生产	−1M	−2M	−1M	−1M[①]
更新应收款/应收款收现	×	√	√	√
出售厂房	×	×	×	×
向其他企业购买成品/出售成品	×	×	×	×
按订单交货	√	×	×	×
产品研发投资	−2M	−2M	−2M	−2M
支付行政管理费	−1M	−1M	−1M	−1M
其他现金收支情况登记	×	×	×	×
支付利息/更新长期贷款/申请长期贷款				+60M−4M[①]
支付设备维护费				−4M
支付租金/购买厂房				×
计提折旧				(4M)[②]
新市场开拓/ISO资格认证投资				−5M
结账				√
现金收入合计	0M	0M	0M	60M
现金支出合计	5M	6M	9M	22M
期末现金对账(请填余额)	35M	29M	20M	58M

说明：①比赛规则规定，长期贷款利息的计算要在年末进行，当年新借入的长期贷款可不计算利息。本年中有上年长期贷款为40M，需计算利息，利息=40M×10%=4M。②企业现有4条生产线：3条手工生产线和1条半自动生产线，折旧计提前净值分别为2M、2M、2M、3M，按规定每条生产线应提折旧1M，故为4M。

表2-10　　　　　　　　　　　　　　　　商品核算统计表

项　目	P1	P2	P3	P4	合　计
数　量	1				1
销售额	6M				6M
成　本	2M				2M
毛　利	4M				4M

表2-11　　　　　　　　　　　　　　　　费用明细表

项　目	金　额	备　注
管理费	4M	
广告费	1M	
保养费	4M	
租　金		
转产费		
市场准入开拓	3M	☑区域　☑国内　☑亚洲　□国际
ISO资格认证	2M	☑ISO 9000　☑ISO 14000
产品研发	8M	P2(　)　P3(√)　P4(　)
其　他		
合　计	22M	

7.编制利润表

根据本年发生的经济业务，编制当年的简易式利润表，如表2-12所示。

表2-12　　　　　　　　　　　　　　　　简易式利润表　　　　　　　　　　　　单位：百万元

项　目	上年数	本年数
一、销售收入	32	6
减：直接成本	12	2
二、毛利	20	4
减：综合费用	9	22
三、折旧前利润	11	−18
减：折旧	4	4
四、支付利息前利润	7	−22
加：财务收入/支出(支出以负数表示)	−4	−4
加：其他收入/支出(支出以负数表示)		
五、税前利润	3	−26
减：所得税	1	
六、净利润	2	−26

8.编制资产负债表

根据本年发生的经济业务,年末编制当年的简易式资产负债表,如表2-13所示。

表2-13 简易式资产负债表 单位:百万元

资 产	期初数	期末数	负债和所有者权益	期初数	期末数
流动资产:			负债:		
现金	42	58	长期负债	40	100
应收款		6	短期负债		
在制品	8	6	应付账款		
产成品	6	16	应交税费	1	
原料	2	1	一年内到期的长期负债		
流动资产合计	58	87	负债合计	41	100
固定资产:			所有者权益:		
土地和建筑物	40	40	股东资本	50	50
机器与设备	9	5	利润留存	14	16*
在建工程		8	年度净利	2	-26
固定资产合计	49	53	所有者权益合计	66	40
资产总计	107	140	负债和所有者权益总计	107	140

说明:*期末利润留存数16M为期初利润留存数14M加期初年度净利数2M得来。

二、卓越公司第二年运营情况

1.新年度规划会议

在新年度规划会议上,CEO决定仍走专营路线,广告费投入共5M,详见表2-14。

表2-14 广告费投入明细表

市场	本地			区域			国内			亚洲			合计
产品	P1	P2	P3	P1	P2	P3	P1	P2	P3	P1	P2	P3	5M
广告	1M			3M		1M							
9K													
14K													

2.订货会议

营销总监参加订货会议,得到3张订单,将订单登记到订单登记表中,内容如表2-15所示。

表2-15　　　　　　　　　　　　　　　　订单登记表

订单号	1	2	3							合计
市　场	本地	区域	区域							
产　品	P1	P1	P3							
数　量	1	2	1							4
账　期	0Q	2Q	3Q							
销售额	5M	10M	8M							23M
成　本										
毛　利										
未　售										

3.制订本年度计划

（1）停止生产P1产品。

（2）继续投资ISO 9000和ISO 14000，各1M，共2M。

（3）开拓国内市场和亚洲市场，各投入1M，共2M。

（4）第一季度卖掉2条手工生产线，第二季度又卖掉1条手工生产线；第一季度再投资2条全自动生产线。第一季度和第二季度继续对已投资的全自动生产线进行投资，该生产线在第三季度开始上线生产P3产品。

（5）开始采购P3产品原料。P3产品的BOM（物料清单）是由2个R2原料和1个R3原料构成，R2原料的采购预订提前期是1期，R3原料的采购预订提前期是2期，所以第一季度就要下R3的原料订单。

（6）第四季度初借入短期借款40M。

> 说明：比赛规则规定，短期贷款的期限是1年，到期时本利一并归还，年利率为5%。每年可借的短期贷款是有限额的，随上年权益值变动。计算公式是：上年的权益值×2-已借短期贷款额，之后调整为20的倍数。本例中上年的权益值为40M，40×2-0（已借短期贷款额）=80M，调整为20的倍数为80M。

决策评析：由于考虑欠周，第四季的全自动生产线因没有原料而停产一季。

4.公司当年经营情况

该公司第二年的运营情况如表2-16所示。

5.填写商品核算统计表

交货时要填写、记录商品核算表，到年末统计出全年的商品销售，并填写商品核算统计表，如表2-17所示。

表2-16   **卓越公司第二年运营表**

内　　容	一季度	二季度	三季度	四季度
新年度规划会议	√			
参加订货会/登记销售订单	−5M			
制订新年度计划	√			
支付应付税	×			
季初现金盘点(请填余额)	53M	50M	35M	32M
更新短期贷款/还本付息/申请短期贷款(高利贷)	×	×	×	40M
更新应付款/归还应付款	×	×	×	×
原材料入库/更新原料订单	−1M	×	−3M	×
下原料订单	√	√	√	√
更新生产/完工入库	√	√	√	√
投资新生产线/变卖生产线/生产线转产	−12M+2M①	−12M+1M①	−8M	−8M
向其他企业购买原材料/出售原材料	×	×	×	×
开始下一批生产	×	−1M	−1M	−1M
更新应收款/应收款收现	6M	√	10 M	√
出售厂房	×	×	×	×
向其他企业购买成品/出售成品	×	×	×	×
按订单交货	5M	√	×	×
产品研发投资	−2M	−2M		
支付行政管理费	−1M	−1M	−1M	−1M
其他现金收支情况登记	×		×	×
支付利息/更新长期贷款/申请长期贷款				−10M
支付设备维护费				−2M②
支付租金/购买厂房				×
计提折旧				(4M)②
新市场开拓/ISO资格认证投资				−4M
结账				√
现金收入合计	13M	1M	10M	40M
现金支出合计	16M	16M	13M	26M
期末现金对账(请填余额)	50M	35M	32M	46M

说明：①出售的每条手工生产线净值为1M，得残值收入1M，第一季度卖了2条手工生产线，第二季卖了1条手工生产线，共计3M，为简化，将其计入利润表中的其他收入（按会计制度的规定是计入"营业外收入"）。②按照会计惯例，固定资产当期建成，当期不计提折旧。故本年新建成的已投产的全自动生产线未提折旧费，从生产的第二年开始计提。目前企业的生产线需提折旧的有1条半自动生产线和已出售的3条手工生产线，提折旧4M。按比赛规则规定，只要生产就需投入维修费1M。因此，本年有2条生产线生产（1条半自动生产线和1条全自动生产线），需支付设备维护费2M。

表2-17 商品核算统计表

项　目	P1	P2	P3	P4	合计
数　量	3		1		4
销售额	15M		8M		23M
成　本	6M		4M		10M
毛　利	9M		4M		13M

6.填写费用明细表

将全年的费用汇总，填写全年的费用明细表，如表2-18所示。

表2-18 费用明细表

项　目	金　额	备　注
管理费	4M	
广告费	5M	
保养费	2M	
租　金		
转产费		
市场准入开拓	2M	□区域　☑国内　☑亚洲　□国际
ISO资格认证	2M	☑ISO 9000　☑ISO 14000
产品研发	4M	P2(　)　P3(√)　P4(　)
其　他		
合　计	19M	

7.编制利润表

根据本年发生的经济业务，编制当年的简易式利润表，如表2-19所示。

表2-19 简易式利润表 单位：百万元

项　目	上年数	本年数
一、销售收入	6	23
减：直接成本	2	10
二、毛利	4	13
减：综合费用	22	19
三、折旧前利润	−18	−6
减：折旧	4	4
四、支付利息前利润	−22	−10
加：财务收入/支出(支出以负数表示)	−4	−10
加：其他收入/支出(支出以负数表示)		3
五、税前利润	−26	−17
减：所得税		
六、净利润	−26	−17

8.编制资产负债表

根据本年发生的经济业务，年末编制当年的简易式资产负债表，如表2-20所示。

表2-20　　　　　　　　　　　　　简易式资产负债表　　　　　　　　　　　单位：百万元

资　　产	期初数	期末数	负债和所有者权益	期初数	期末数
流动资产：			负债：		
现金	58	46	长期负债	100	80
应收款	6	8	短期负债		40
在制品	6	2	应付账款		
产成品	16	18	应交税费		
原料	1		一年内到期的长期负债		20
流动资产合计	87	74	负债合计	100	140
固定资产：			所有者权益：		
土地和建筑物	40	40	股东资本	50	50
机器与设备	5	17	利润留存	16	-10
在建工程	8	32	年度净利	-26	-17
固定资产合计	53	89	所有者权益合计	40	23
资产总计	140	163	负债和所有者权益总计	140	163

决策评析：

（1）由于该企业采用保守策略，广告投入较少，致使订单拿得少，造成P1产品积压偏多。

（2）手工生产线处理及时，企业经营者们在生产线上的决策有气魄。

（3）半自动生产线可继续生产P1产品或转产P3产品。

三、卓越公司第三年运营情况

1.新年度规划会议

在新年度规划会议上，CEO决定在多个市场投入广告费，争取多拿订单，广告费投入11M，详见表2-21。

表2-21　　　　　　　　　　　　　广告费投入明细表

市场	本地			区域			国内			亚洲			合计
产品	P1	P2	P3	P1	P2	P3	P1	P2	P3	P1	P2	P3	
广告	1M		3M			1M	3M		3M				11M
9K													
14K													

2.订货会议

营销总监参加订货会议，得到订单，内容如表2-22所示。

表2-22　　　　　　　　　　　　　　　　订单登记表

订单号	1	2	3	4	5	6	7	8	合计
市　场	本地	区域	国内	国内	国内	国内	A组	A组	
产　品	P1	P3	P1	P1	P3	P3	P1	P3	
数　量	2	3	3	3	3	2	2	1	
账　期	2Q	3Q	3Q	2Q	3Q	2Q	0Q	0Q	
销售额	10M	23M	16M	13M	24M	16M	10M	15M	127M
成　本									
毛　利									
未　售									

说明：在此次模拟竞赛中，允许组间交易。因此7号订单和8号订单中出现的A组是本企业出售给其他模拟企业（A组）的销售情况记录。

3.制订本年度计划

（1）3条全自动生产线全部生产P3产品。

（2）半自动生产线拟转产P3产品，转产周期为1期，转产资金为1M。第一季有在制品，第二季在制品下线，停产1期，第三期开始生产P3产品，注意事先预订原材料。

（3）继续开拓亚洲市场和进行ISO 14000认证，各投资1M，共2M。

（4）第一季度再新上1条全自动生产线。

（5）第三季度对新全自动生产线停止投资一期。

（6）第四季度归还短期贷款本（40M）息（2M）后，再借20M短期贷款。

（7）对亚洲市场投入市场开拓1M，投入ISO14000认证1M，共2M。

> 说明：订原料时多订了2个R2，多用2M资金，致使下期投入广告费时最多只能投入12M，因此要注意原料订单的计算。这个问题参见本章第四节。

4.公司当年经营情况

卓越公司第三年运营情况如表2-23所示。

5.填写商品核算统计表

交货时要填写、记录商品核算表，到年末统计出全年的商品销售，并填写商品核算统计表，如表2-24所示。

表2-23　　　　　　　　　　　卓越公司第三年运营表

内　容	一季度	二季度	三季度	四季度
新年度规划会议	√			
参加订货会/登记销售订单	−11M			
制订新年度计划	√			
支付应付税	×			
季初现金盘点(请填余额)	35M	27M	18M	42M
更新短期贷款/还本付息/申请短期贷款(高利贷)	×	×	×	−42M+20M③
更新应付款/归还应付款	×	×	×	×
原材料入库/更新原料订单	−9M	−9M	−12M	−11M
下原料订单	√	√	√	√
更新生产/完工入库	√	√	√	√
投资新生产线/变卖生产线/生产线转产	−5M	−4M		−4M
向其他企业购买原材料/出售原材料	×	×	×	×
开始下一批生产	−3M	−3M	−4M	−3M
更新应收款/应收款收现	√	8M	23M+18M①	32M
出售厂房	×	×	×	×
向其他企业购买成品/出售成品	10M②	×	×	15M②
按订单交货	×	√	×	×
产品研发投资	×	×	×	×
支付行政管理费	−1M	−1M	−1M	−1M
其他现金收支情况登记	×	×	×	×
支付利息/更新长期贷款/申请长期贷款				−10M−20M④
支付设备维护费				−4M
支付租金/购买厂房				×
计提折旧				(6M)⑤
新市场开拓/ISO资格认证投资				−2M
结账				√
现金收入合计	10M	8M	41M	67M
现金支出合计	18M	17M	17M	97M
期末现金对账(请填余额)	27M	18M	42M	12M

说明：①在第三季度，由于下期有22M的短期贷款和利息要还，因此在应收账款取三账期21M贴现换得18M现金。按比赛规则规定，贴现必须在应收账款中取7的倍数，贴现率为1/7。②出售给其他企业（A组）2个P1产品和1个P3产品。③归还短期贷款本（40M）息（2M），又借入短期贷款20M。④归还长期贷款本（20M）息（10M）。⑤本年需提折旧的生产线为1条半自动生产线和1条全自动生产线，半自动生产线提1M折旧，全自动生产线的应提折旧为5M（16M×1/3=5.3M，取整为5M），折旧共计6M。

表2-24　　　　　　　　　　　　　　商品核算统计表

项　目	P1	P2	P3	P4	合计
数　量	10		9		19
销售额	49M		78M		127M
成　本	20M		36M		56M
毛　利	29M		42M		71M

6.填写费用明细表

将全年的费用汇总，填写全年的费用明细表，如表2-25所示。

表2-25　　　　　　　　　　　　　　费用明细表

项　目	金　额	备　注
管理费	4M	
广告费	11M	
保养费	4M	
租　金		
转产费	1M	
市场准入开拓	1M	□区域　□国内　☑亚洲　□国际
ISO资格认证	1M	□ISO 9000　☑ISO 14000
产品研发		P2(　)P3(　)P4(　)
其　他		
合　计	22M	

7.编制利润表

根据本年发生的经济业务，编制当年的简易式利润表，如表2-26所示。

表2-26　　　　　　　　　　　　　　简易式利润表　　　　　　　　　　　　　单位：百万元

项　目	上年数	本年数
一、销售收入	23	127
减：直接成本	10	56
二、毛利	13	71
减：综合费用	19	22
三、折旧前利润	-6	49
减：折旧	1	6
四、支付利息前利润	-7	43
加：财务收入/支出(支出以负数表示)	-10	-15[①]
加：其他收入/支出(支出以负数表示)		
五、税前利润	-17	28
减：所得税		
六、净利润	-17	28[②]

说明：①本年长期贷款利息为10M，短期贷款利息为2M，应收账款贴现利息为3M，合计为15M。
②本年盈利可弥补以前年度亏损，补亏后余额交税。该企业第一年亏损26M，第二年亏损17M，所以补亏后无余额，故所得税为0，净利润等于税前利润。

8.编制资产负债表

根据本年发生的经济业务，年末编制当年的简易式资产负债表，如表2-27所示。

表2-27　　　　　　　　　　　　简易式资产负债表　　　　　　　　　　单位：百万元

资　产	期初数	期末数	负债和所有者权益	期初数	期末数
流动资产：			负债：		
现金	46	12	长期负债	100	80
应收款	8	26	短期负债	40	20
在制品	2	16	应付账款		
产成品	18		应交税费		
原料		2	一年内到期的长期负债		
流动资产合计	74	56	负债合计	140	100
固定资产：			所有者权益：		
土地和建筑物	40	40	股东资本	50	50
机器与设备	17	43	利润留存	-10	-27
在建工程	32	12	年度净利	-17	28
固定资产合计	89	95	所有者权益合计	23	51
资产总计	163	151	负债和所有者权益总计	163	151

四、卓越公司第四年运营情况

1.新年度规划会议

在新年度规划会议上，CEO决定仍走专营路线，广告费投入共12M，详见表2-28。

表2-28　　　　　　　　　　　　广告费投入明细表

市场	本地			区域			国内			亚洲			合计
产品	P1	P2	P3	P1	P2	P3	P1	P2	P3	P1	P2	P3	
广告			1M			1M			3M			3M	12M
9K		1M			1M			1M			1M		
14K													

2.订货会议

营销总监参加订货会议，得到订单，内容如表2-29所示。

表2-29　　　　　　　　　　　　　　　　订单登记表

订单号	1	2	3	4			合计
市　场	区域	国内	亚洲	亚洲			
产　品	P3	P3	P3	P3			
数　量	2	3	2	4			
账　期	2Q	3Q	2Q	3Q			
销售额	18M	24M	18M	35M			95M
成　本							
毛　利							
未　售							

决策评析：

　　由于只有12M现金，只能全部投入，从结果来看，同其他公司相比，投入还是少了一点，因为其他企业也开始在各市场加入P3产品订单的争夺。企业现在产能已达到14个P3产品，但只拿到11个产品的订单。广告的投入结构也应调整。本地市场投入少，以至于一无所获。

　　3.制订本年度计划

　　（1）第一季度安排3条全自动生产线和1条半自动生产线生产P3产品，第二季度安排4条全自动生产线生产P3产品，由于运营时间为4年，产量已能满足订单生产的需要，故第三季度和第四季度停产。

　　（2）第一季度投入最后一期新上全自动生产线资金4M。

　　（3）第二季度停购原材料。

　　（4）第三季度停产。

　　（5）第四季度还短期贷款本利共计21M。

　　（6）偿还长期贷款20M，利息8M。

　　4.公司当年经营情况

　　卓越公司第四年运营情况如表2-30所示。

表2-30　　　　　　　　　　　　　　卓越公司第四年运营表

内　容	一季度	二季度	三季度	四季度
新年度规划会议	√			
参加订货会/登记销售订单	-12M			
制订新年度计划	√			
支付应付税	×			
季初现金盘点(请填余额)	0M	21M	7M	64M
更新短期贷款/还本付息/申请短期贷款(高利贷)	40M	×	×	-21M

内　容	一季度	二季度	三季度	四季度
更新应付款/归还应付款	×	×	×	×
原材料入库/更新原料订单	−10M	−10M	×	×
下原料订单	√	√	√	√
更新生产/完工入库	√	√	√	√
投资新生产线/变卖生产线/生产线转产	−4M	×	×	×
向其他企业购买原材料/出售原材料	×	−2M	×	×
开始下一批生产	−4M	−4M	×	×
更新应收款/应收款收现	√	3M	58M	√
出售厂房	×	×	×	×
向其他企业购买成品/出售成品	×	×	×	×
按订单交货	√	√	√	×
产品研发投资	×	×	×	×
支付行政管理费	−1M	−1M	−1M	−1M
其他现金收支情况登记	×	×	×	×
支付利息/更新长期贷款/申请长期贷款				−20M−8M
支付设备维护费				−4M[①]
支付租金/购买厂房				×
计提折旧				(13M)[②]
新市场开拓/ISO资格认证投资				×
结账				√
现金收入合计	40M	3M	58M	0M
现金支出合计	19M	17M	1M	54M
期末现金对账(请填余额)	21M	7M	64M	10M

说明：①本年进行生产的生产线为4条：1条半自动生产线，3条全自动生产线，故支付4M设备维护费。②本年应计提折旧的生产线为3条全自动生产线（半自动生产线已提足折旧，无需再提），其净值分别为11M、16M、16M。净值为11M的生产线应提折旧3M（11M×1/3=3.6M，取整为3M），净值为16M的生产线应提折旧5M（16M×1/3=5.3M，取整为5M），2条为10M折旧，故所提折旧共计13M。

5. 填写商品核算统计表

交货时要填写、记录商品核算表，到年末统计出全年的商品销售，并填写商品核算统计表，如表2-31所示。

表2-31 商品核算统计表

项 目	P1	P2	P3	P4	合计
数 量			11		11
销售额			95M		95M
成 本			44M		44M
毛 利			51M		51M

6.填写费用明细表

将全年的费用汇总，填写全年的费用明细表，如表2-32所示。

表2-32 费用明细表

项 目	金 额	备 注
管理费	4M	
广告费	12M	
保养费	4M	
租 金		
转产费		
市场准入开拓		□区域 □国内 □亚洲 □国际
ISO资格认证		□ISO 9000 □ISO 14000
产品研发		P2( ) P3( ) P4( )
其 他		
合 计	20M	

7.编制利润表

根据本年发生的经济业务，编制当年的简易式利润表，如表2-33所示。

表2-33 简易式利润表 单位：百万元

项 目	上年数	本年数
一、销售收入	127	95
减：直接成本	56	44
二、毛利	71	51
减：综合费用	22	20
三、折旧前利润	49	31
减：折旧	6	13
四、支付利息前利润	43	18
加：财务收入/支出(支出以负数表示)	−15	9
加：其他收入/支出(支出以负数表示)		
五、税前利润	28	9
减：所得税		3
六、净利润	28	6

8.编制资产负债表

根据本年发生的经济业务，年末编制当年的简易式资产负债表，如表2-34所示。

表2-34　　　　　　　　　　　　　简易式资产负债表　　　　　　　　　　单位：百万元

资　产	期初数	期末数	负债和所有者权益	期初数	期末数
流动资产：			负债：		
现金	12	10	长期负债	80	60
应收款	26	60	短期负债	20	40
在制品	16		应付账款		
产成品		4	应交税费		3
原料	2		一年内到期的长期负债		
流动资产合计	56	74	负债合计	100	103
固定资产：			所有者权益：		
土地和建筑物	40	40	股东资本	50	50
机器与设备	43	46	利润留存	-27	1
在建工程	12		年度净利	28	6
固定资产合计	95	86	所有者权益合计	51	57
资产总计	151	160	负债和所有者权益总计	151	160

决策评析：

（1）由于企业经营的品种单一，虽然资金压力小，但企业的竞争力相对较弱，若想有突出表现实非易事。

（2）企业出售给其他企业产品的时机掌握较好，第三年已走上坡路，渐入佳境。

（3）生产线上的决策较好，使产能有较好的表现。

（4）广告费上的决策过于谨慎，致使订单过少，影响业绩。

● 第四节　制表和计算

一、现金预算表的编制

预测未来现金流是现金管理的重要任务之一，可在拿到订单之后做现金预算表，从而达到未雨绸缪的目的。

如卓越公司第一年的现金预算表编制如表2-35所示。

表2-35 现金预算表

内　容	一季度	二季度	三季度	四季度
期初库存现金	42M	35M	29M	20M
支付上年应交税	-1M			
市场广告投入	-1M			
贴现费用				
利息(短期贷款)				
支付到期短期贷款				
原料采购支付现金	-1M	-1M	-1M	-1M
转产费用				
生产线投资			-4M	-4M
工人工资	-1M	-2M	-1M	-1M
产品研发投资	-2M	-2M	-2M	-2M
收到现金前的所有支出				
应收款到期				
支付管理费用	-1M	-1M	-1M	-1M
利息(长期贷款)				-4M
支付到期长期贷款				
设备维护费用				-4M
租金				
购买新建筑				
市场开拓投资				-3M
ISO认证投资				-2M
其他				
库存现金余额	35M	29M	20M	-2M

在编制现金预算表时，要注意如下几点：

（1）现金预算表可以每年都编制，资金紧张时尤为必要，有时可编制几年的现金预算表。

（2）可作为筹资的参考。如第四季度现金已不足，需要考虑筹资。

（3）细节数字可以估算，但要尽可能精确，细小数字可省略，达到对资金的使用量有总体了解即可。可根据计划反复进行调整，直到最后能够满足企业的生产经营需要为止。

二、参赛时会计报表的编制

参加比赛的学员在每年年末编制会计报表时，往往会出现计算错误，导致报表不平衡。需反复查找，这样耽误了过多的时间，使模拟企业的经营者们没有更多的时间用于分析与决策，以致贻误战机。在比赛时，参赛学员可参考以下办法来进行会计报表的编制。

1.多人记账。在每期运营流程的操作时，用两人或多人记账，以便于相互核对，查找错误。

2.每一笔费用都结出余额。在运行手册里详细核算，每一笔现金收入、支出都结出余额，形成现金日记账，以免出错。

3.复式记账。在期初简易式资产负债表的基础上，每发生一笔资金变动，都按复式记账原理从两个方向在简易式资产负债表上进行调整，始终保持一个平衡的简易式资产负债表。这样做的工作量大一些，但期末就不会焦头烂额了。因数字经常变动，可考虑用铅笔和橡皮。

4.电脑辅助。这种方式最为方便快捷，有条件的模拟企业可利用 Excel 工具，在表格里事先编制好运算关系，只需将要计算的数据录入，利用 Excel 的函数和公式，就可计算出所需要的数据，提高计算的准确性和速度，减少差错。

三、年产能和年可供出售产品数量的计算

在投入广告费之前，企业应根据自己的生产线来计算企业当年的产能，这样才能对广告的投入做到心中有数，在接单时做到有的放矢。由于生产线的类型不同，生产产品的生产周期也不相同，因此，在计算产能时要格外仔细，以免计算错误，导致决策失误。不同生产线的产能计算情况如表 2-36 所示。

表 2-36　　　　　　　　　　　　生产产能计算表

生产线类型	年初在制品状态	各季度完成的生产				年生产能力
		一	二	三	四	
手工生产线	□ □ □				√	1
	■ □ □			√		1
	□ ■ □		√			1
	□ □ ■	√			√	2
半自动生产线	□ □				√	1
	■ □		√			2
	□ ■	√		√		2
全自动/柔性生产线	□	√	√	√		3
	■	√	√	√	√	4

说明：□表示在生产线上无在制品或间隔。

　　　　■表示生产线上的在制品。

　　　　√表示产品已完工下线。

　　从表2-36中可以看出，年产能的计算因生产线年初有无在制品而不同，如用公式表示为：

　　年初有在制品的生产线：

　　某生产线的年产能=可生产期数÷该生产线的生产周期

　　年初无在制品的生产线：

　　某生产线的年产能=（可生产期数-1）÷该生产线的生产周期

　　下面我们就具体说明企业产能的计算。

　　1.生产线有期初在制品时，企业产能的计算：

　　手工生产线产能=4÷生产周期=4÷3≈1.3（个/年）

　　半自动生产线产能=4÷生产周期=4÷2=2（个/年）

　　全自动/柔性生产线产能=4÷生产周期=4÷1=4（个/年）

　　【例1】假如，某企业某年有3条手工生产线和1条半自动生产线全部生产P1产品，年初在各个生产线上均有在制品，年初库存P1产品3个。计算P1产品当年的年产量和可供货数量。

　　P1产品当年产量为：

　　P1产品当年产量=3×1.3+1×2≈6（个）

　　P1产品当年可供货数量为：

　　P1产品当年可供货数量=年初库存量+当年产量=3+6=9（个）

　　在计算可供货数量时，需考虑年初库存量。因P1产品年初库存量为3个，故P1产品当年可供货数量为9个。

　　2.生产线无期初在制品时，企业产能的计算：

　　手工生产线产能=（4-1）÷生产周期=3÷3=1（个/年）

　　半自动生产线产能=（4-1）÷生产周期=3÷2=1.5（个/年）

　　全自动/柔性生产线产能=（4-1）÷生产周期=3÷1=3（个/年）

　　【例2】某企业当年新建成1条半自动生产线，第三季度开始生产P2产品，计算当年P2产品的产量。

　　P2产品当年的产量为：

　　（4-2-1）÷2=0.5=0（取整后）

　　即当年不能生产出成品。这一点要格外注意，以免计算失误，导致决策失误。

　　【例3】某企业当年新建成1条全自动生产线，第三季度开始生产P2产品，计算当年P2产品的产量。

　　P2产品当年产量为：

　　（4-2-1）÷1=1（个）

　　即当年只能生产出1个P2产品。

　　计算出某生产线的产能，就可以知道企业当年的产能，也就能在接订单时做到心中有数。

　　企业某产品当年可接订单的最大数量=期初库存数量+本年的产量+可能外协加工数量

　　如果企业接到的订单数量超过可接订单的最大数量，企业可能因无法及时交货而造成违约。在比赛规则中规定，对于违约的企业是要进行惩罚的，因此模拟企业的经营者们对本企业产能的计算要准确，这样才能把握好商机。

四、原料订单的计算

我们知道了企业的年产能，就可以根据计算的结果来进行原料订单的计算了。生产总监要注意原材料的采购。由于各种产品所需的原料不同（P1产品为1个R1原料，P2产品为1个R1原料和1个R2原料，P3产品为2个R2原料和1个R3原料，P4产品为1个R2原料、1个R3原料和2个R4原料），各种原料的预订的提前期也不同（R1原料、R2原料为一期，R3原料、R4原料为两期），所以原料订单的计算要从生产排程开始，同时还要考虑原材料库存的情况。现举例说明如下：

【例4】在有原材料库存的情况下，要考虑原材料库存。假设现有1条半自动生产线和3条手工自动生产线全部生产P1产品，第二季度库存1个R1原材料。原料订单计算过程如下：

1.生产排程

只有P1产品或P2产品的生产，每年初从第二季到下年第一季或第二季进行生产排程，如表2-37中为到下年第一季的排程，内容是每季更新生产后生产线上在制品的情况。

表2-37   在制品情况表

时　　间	本年二季度	本年三季度	本年四季度	下年一季度
半自动生产线	P1	—	P1	—
手工生产线1	P1	—	—	P1
手工生产线2	—	P1	—	—
手工生产线3	—	—	P1	—

2.整理物料清单

根据P1产品的BOM（物料清单）分解出所需的材料表，如表2-38所示。

表2-38   材料表

时　　间	本年二季度	本年三季度	本年四季度	下年一季度
半自动生产线上产品所需原料	1R1		1R1	
手工生产线1上产品所需原料	1R1			1R1
手工生产线2上产品所需原料		1R1		
手工生产线3上产品所需原料			1R1	

3.计算产品所需材料数量

根据表2-38，求出R1原料合计数，如表2-39所示。

表2-39   原料合计表

时　　间	本年二季度	本年三季度	本年四季度	下年一季度
R1合计	2	1	2	1

4.确定所需订购材料数量

按照原料的预订提前期列出预订时间表，如表2-40所示。

表2-40   预订时间表

时　间	本年一季度	本年二季度	本年三季度	本年四季度
R1预订数	1*	1	2	1

说明：*本年一季度若无库存应为2，现有1个库存则减1后为1。

【例5】假设现有1条半自动和3条全自动生产线全部正常生产P3产品，无原料库存，订单计算过程如下：

1.生产排程

假设P3产品的生产排程按题中假设从本年第三季度到下年第二季度为止，每季更新生产后生产线上的在制品情况如表2-41所示。

表2-41   在制品情况表

时　间	本年三季度	本年四季度	下年一季度	下年二季度
半自动生产线	P3	—	P3	—
全自动生产线1	P3	P3	P3	P3
全自动生产线2	P3	P3	P3	P3
全自动生产线3	P3	P3	P3	P3

2.整理物料清单

根据P3产品的BOM（物料清单）分解出需要材料表，如表2-42所示。

表2-42   材料表

时　间	本年三季度	本年四季度	下年一季度	下年二季度
半自动生产线所需原材料	2R2	—	2R2	—
	1R3	—	1R3	—
全自动生产线1上产品所需原材料	2R2	2R2	2R2	2R2
	1R3	1R3	1R3	1R3
全自动生产线2上产品所需原材料	2R2	2R2	2R2	2R2
	1R3	1R3	1R3	1R3
全自动生产线3上产品所需原材料	2R2	2R2	2R2	2R2
	1R3	1R3	1R3	1R3

3.计算产品所需材料数量

根据表2-42，求出各种原料合计数，如表2-43所示。

表2-43   原料合计表

时　间	本年三季度	本年四季度	下年一季度	下年二季度
R2合计	8	6	8	6
R3合计	4	3	4	3

4.确定所需订购材料数量

按照原料的预订提前期列出预订时间表，如表2-44所示。

表2-44 预订时间表

时 间	本年一季度	本年二季度	本年三季度	本年四季度	下年一季度
R2预订数		8	6	8	6
R3预订数	4	3	4	3	

由于无原材料库存，可直接按表2-44下原材料订单。

[思考与创新]

1.假如你是企业的CEO，你应如何管理企业？
2.假如你是企业的CFO，你应做好哪些工作？
3.假如你是企业的COO，你应做好哪些工作？

第三章

基本技术分析

ERP沙盘模拟趣味无穷，但也博大精深，真正运营好着实不易。其中原因是初次接触ERP沙盘的人往往有很多困惑和疑问，如要不要争夺市场领导者?上半自动生产线好还是上全自动生产线好?这些问题不解决，好的运营无从谈起。下面我们从财务、市场和生产三个方面来分析这些问题。

● 第一节　财务分析

有人说企业经营中遇到的最多的问题就是财务问题，的确如此，企业经常会因种种财务问题而陷入经营的困境，如何从困境中走出来，无疑成了模拟企业学员们的一门必修课。

一、权益分析

企业经营的目标是股东权益最大化，它标志着企业的实力或发展潜力，也是在ERP沙盘模拟对抗赛中判别胜负的主要因素。同时，比赛规则规定，模拟企业的权益值还是银行贷款限额计算的依据。因此，模拟企业经营中必须时刻以权益为中心去考虑问题。模拟企业的经营者们在经营时，可从两个方面入手：

1.加快权益值增加的速度。在模拟企业竞争中，什么能使权益值增加?唯有净利润。我们知道，要想提高净利润，可从增加收入和降低成本费用两方面着手。在比赛规则中，产品的成本是固定的，目前加快权益值的途径只有扩大销售，扩大销售唯有多拿单、拿好单。怎样才能多拿单、拿好单?一要投好广告费；二要有巨大的产能做后盾。二者都需要资金，因此要掌握好资金投放的比例。

2.减少权益值降低的速度。在比赛规则中，模拟企业的经营者们要观察市场开放，如果前几年市场开放少，产品需求量小，企业产能和产品开发尚在起步阶段，企业获得的利润无法抵补庞大的日常开支，企业亏损在所难免。因此，这时模拟企业要减慢开发速度，以尽量减小权益值的下降。

从上述两点我们可知，要想增加模拟企业的权益值，关键就是要做到"开源节流"。"开源"就是扩大企业的销售，增加销售收入，从而增加利润，增加企业的权益值；"节流"就是要减少开支，在综合费用表里的所有项目和利润表中的减项均为开支项目，如广告费、折旧费用、财务支出等，这些项目的发生会减少企业的利润，对于这些费用支出项目，模拟企业的经营者要认真考虑，要将有限的资金充分加以利用，做到不浪费每一笔资金，从而减缓模拟企业权益值的下降。对于导致模拟企业权益值降低的主要因素，我们做如下分析，以供模拟企业经营者们参考。

1.广告费。模拟企业的广告费投入数量一定要适当，超过自己实力而一味追求成为市场领导者，有时会使模拟企业元气大伤，造成不必要的资金浪费。广告数额最好与产品数量有一个比例，笔者认为这个比例可在0.5~1.5之间。如某一期产能为10个产品，则广告费可以是5M~15M之间。在广告投放时，要和市场开拓结合起来，做到人弃我取，从而达到"投滴水，获涌泉"的最佳效果。

2.维修费和（厂房）租金。例如，比赛规则规定，2条半自动生产线和1条全自动生产线，从价钱和产能上来看是一样的，但前者维修费多，占用机位多，所以应尽量使用全自动生产线。众所周知，租金是会减低权益的。但在经营初期，往往有很多企业卖掉大厂房代之以租用，以求取得购买生产线的宝贵资金，这是可取的，在后期有了大量闲置资金后可立即购买厂房以减少权益的流失。

3.市场开拓费、认证费和新产品研发费。在比赛中，模拟企业的经营者最好不要将三项费用全面投入和同时铺开，大投入不一定就会有大回报，要本着循序渐进、步步为营的方针进行开发。

4.转产费和折旧费。从比赛规则中可以看出，从各种生产线对比来看，手工生产线不用转产，且折旧费用少，但占用机位多，效率低下，尽量不采用，全自动和柔性生产线折旧费多，但产出多，尽量采用。因此，要看费用产出比。

5.财务支出。财务支出主要是利息和贴现费。在企业经营中，借款是必然要发生的，但不要将借入资金闲置不用。长期贷款利息虽高但还期长，短期贷款利息低但还期短，各有利弊，尽量做到能短不长。

大量的贴现费往往使很多模拟企业功败垂成，扼腕惋惜。这就要求财务总监做好预算，营销总监处理好拿单和交单以尽量减少贴现费。

二、资金分析

在企业运营中，资金是一个非常重要的因素。资金安排不当，轻则造成浪费、将盈利拱手让人，重则造成企业的破产，多年的苦心经营毁于一旦。如果一家企业的现金流总是入不敷出，它最终将会因财务困境而倒闭。在现实企业经营中，也往往会出现企业不是因为亏损而倒闭，而是由于资金断流而破产的现象。要维持企业的长期生存，一个重要的因素是要看经营人员能否做出有效决策以保持足够的现金。创造利润自然有利于生成现金，但值得注意的是，只有那些能迅速变现的资产，才能解企业燃眉之急。因为不论偿还债务还是纳税，需要的都是现金，而不是利润。在企业经营中，同时还要注意另一个极端，即资金过剩，资金长期闲置不用，这同样会造成企业资源的浪费，会降低企业的效益。

现金在企业经营中有着如此重要的地位，那么解决的办法就是"开源节流，精打细算"。财务总监要进行严格的现金管理，可在每年拿到订单之后做现金预算表（编制方法见第二章），以达到现金管理的目的。企业经营者在进行现金管理时，要考虑到现金的管理目标。现金管理有三个目标：

（1）必须持有足够的现金以便支付各种业务往来的需要；

（2）将闲置现金减少到最低限度；

（3）在资金短缺时，用最少的代价筹集到所用资金。

模拟企业的经营者，同时要注意资金的货币时间价值问题，期初的1M有可能相当于后期经营的2M~4M，因此对期初资金尤其要精打细算，做好充分的预算，管理好资金的使用。

三、融资分析

在模拟企业经营时，有些参加者不进行银行贷款，提倡自力更生，以避免利息费用的发生，这样做往往最后效果不佳。经济理论已经证明，当企业的净值报酬率高于银行贷款利率时，企业贷款可增加企业积累，使股东获得更多的收益。企业可通过杠杆效应，利用贷款来达到增加企业利润的目的。在模拟企业经营中也要适当借款，以应付庞大的开支和加快企业的建设速度。

我们知道，企业规模从小到大的发展，若凭自身积累，是走楼梯；若靠借贷融资，是上电梯。企业的发展速度决定了企业的规模，通过借贷融资可以使企业的权益迅速增值，不断壮大发展，最后极可能成为行业的领导者。

企业融资渠道有以下几种（见表3-1）：

表3-1   **企业融资渠道**

融资类型	折算利息(年)	计算公式
长期贷款	10%	
短期贷款	5%	
高利贷	20%	
应收贴现	14%	1/7
变卖大厂房	12.5%	5/40
变卖大厂房再贴现	26.8%	(5/40)+(1/7)

其中变卖大厂房表面上看没有损失任何费用，但立即会发生租金费用，所以可将其视为借得40M，每年付利5M，即利息12.5%，若变卖大厂房再贴现，则会雪上加霜，达到26.8%，反而高于高利贷利息，所以要尽量避免这种临渴掘井的事发生。既然这样，那就不卖大厂房了吗?不是的，为了提高产能，以求后期长足发展，有计划地卖掉厂房是必要的。在比赛中，适时卖掉厂房，增加设备，后期战果辉煌的战例比比皆是、屡见不鲜。

有些比赛规则在最初只给一定资金，如60M，厂房和设备等需要自己筹建，在资金有限的情况下，是多卖设备还是卖厂房呢?一种观点认为在市场需求允许的范围内，前期尽量多上设备，若无剩余资金则租厂房；另一种观点认为可购入厂房，以减少权益的损失。两种观点各有千秋。前者一般在开始借入大笔长贷时采用，后者一般在倒短贷时采用。

● 第二节 市场分析

营销总监的任务是做好广告费的投入和投向的分析，必须事先搞好市场开拓，以期拿好单、多获利。

一、广告投放

广告费的投放绝不是越多越好，也不是越少越好，要恰到好处，能使投入产出比达到最高为最好。

1.广告数额

企业的广告费投入数量一定要适当，过多会使模拟企业元气大伤，造成不必要的资金浪费。从实际运营者的经验来看，产品和广告的数量比可以是1：1左右；在某一市场某一个产品的广告数一般是1~4个（可假定一个单为3个产品）。制订广告投放计划时一定要多分析市场预测表。新开发市场可多一些，已开发市场可少一些；需求量低的市场可多一些，需求量高的市场可少一些；争市场领导者时可多一些，不争市场领导者时可少一些；有二次拿单可能的可多一些，反之可少一些。

2.市场领导者问题

模拟企业的广告费投入数量一定要适当，超过自己实力来一味追求市场领导者，有时会使模拟企业元气大伤，造成不必要的资金浪费。

在比赛规则中规定，前五年每年都有一个新的市场开放，每个模拟企业都存在着争夺市场领导者的决策问题。市场领导者要不要争?这历来是困扰受训者的一个难题。获得市场领导者后，可以获得在该市场以后年度竞单中少投广告优先选单的特权，在实际模拟时，各个模拟企业往往争得头破血流，多败俱伤，甚至出现某市场开放之际，有的模拟企业一下投入20M广告费来争市场领导者地位的情形。这种超过自己实力一味追求市场领导者的做法，有时会使模拟企业元气大伤、一蹶不振。

笔者认为争市场领导者的广告费的投入一定要有一个金额的限制，超过限额则风险较大，若得到市场领导者尚可，若不得，则会开始就落后他人，处于不利境地。如第一年的广告费投入以10M~15M为宜，或者亦可用获市场领导者后订单毛利扣减企业已投入的广告费的差额与其他企业订单毛利扣减其广告费的差额相比较，以相差不大为宜。

有人不建议去争市场领导者，因为若6个小组（在比赛时有时参赛队可多达12个以上）都去争某一市场的市场领导者，最后只有一个胜利者，其他小组必然会浪费很多资金，对以后发展极为不利。取得市场领导者的小组也不好过，因为其必然付出了更多的代价，并且在以后经营年度内，还存在着如何保持领导者地位的问题。他们有时只能拿数量大但利润不高的单，久而久之，会被反超。如果估计其他模拟企业广告投入较高，可采用少投广告战略（在实战中有的企业第一年只投1M广告），不争市场领导者的地位，保存企业的实力，以坐收渔翁之利，笑到最后的往往是这样的企业。

二、市场策略分析

在市场开发时，是集中开发还是全面铺开?笔者认为，参加大型比赛时，一般都是全面开发，因为参赛队一般来说产能较大并且还有增加的趋势，为了将生产出的大量产品销售出去，只能多开发市场才能拿到足量的订单。至于在校内的实训课堂上则可另当别论，一般竞争并不十分激烈，开发的市场数量只要和产能配套即可。

夺取主流市场还是非主流市场?例如，本地市场是兵家必争之地，企业可以参与竞争，也可以人弃我取，占领非主流市场（如国际市场），因为进入非主流市场后，几乎没有竞争对手，企业可以金瓯无缺。在模拟企业的实战中有很多出其不意的经营之道，不乏后来者居上的实例。

三、产品开发分析

用产品生命周期理论和波士顿矩阵理论分析如下：

第一年和第二年市场需求和可进入的市场较少，且只是价低利薄的产品 P1。

P1 产品在国内的几个市场价格逐渐走低，从第二年进入衰退期，开始变成鸡肋产品，第五年和第六年在国际市场上重新热销。因此不可能成为大量现金的源泉，不应追加投入，中期可考虑停止生产。

P2 产品在第三年和第四年是成熟期，可作为现金牛产品，第五年开始逐渐走低。P2 产品在市场增长率上已无太多潜力可挖，但卖价较高，有望成为现金牛产品，即能为企业提供较多现金，可用来支持其他产品的研发与生产。

P3 产品在第二年到第四年处于成长期，属于明星产品，第五年和第六年是成熟期，可作为现金牛产品。P3 产品的市场增长迅速，卖价很高，有望成为明星产品，但企业必须投入大量资金以支持其研发。

P4 产品成长期较晚，第三年只在一个区域市场有需求，从第四年开始才在其他市场有需求，但都处于介绍期，且成本偏高，可以看作风险产品。P4 产品必须投入巨资进行研发，且市场需求小，但卖价尚可，几乎没有竞争压力。由于上述原因，该产品对开发者吸引力不大，所以竞争会很小，取得订单容易。按"人弃我取"的原则，模拟企业根据实际情况也可考虑。在实战中，也有一些参训者先屈后伸，制定针对 P4 的专营战略，取得不俗战绩。

四、订单分析

在订单会上企业的唯一目标是多拿单，拿好单。在拿单时，要注意以下几点：

（1）做好前期铺垫，如市场开拓、产品研发、资金筹措和产能扩大等工作。

（2）分析对手，本着"人弃我取"的原则。

（3）预算要精准。

在订单选择时，当鱼和熊掌不能兼得时，模拟企业的经营者们可考虑的原则有：

（1）选取总额最大的订单。当订单中的产品数量较多时采用。

（2）选取单位毛利最大的订单。当订单中的产品数量较少时采用。

（3）选取账期最短的订单。当模拟企业的资金紧张时可采用。

其中第二条原则要优先考虑，有时，已预测到要大量贴现（前三年常见），则不必太考虑账期。总之，订单的选取要根据模拟企业的具体情况综合考虑。

● 第三节　生产分析

在 ERP 沙盘比赛中，前期看资金，后期看产能。模拟企业在扩大产能时会遇到一些生产线的选择问题。本节对各种生产线加以分析，以帮助参赛者进行生产决策。

一、投资生产线和产能分析

企业要增加利润，就必须要扩大销售，扩大销售就必须以提高产能为保证。而要增加产量就必须要上新的生产线。上新的生产线就会产生一系列的决策问题，如上哪种生产线更好？用新生产线生产什么产品？产品的产能达到多少为宜？对上述问题模拟企业应逐一分析后，再加以决策。

　　不同类型生产线的主要区别在于生产效率和灵活性。生产效率是指单位时间内生产产品的数量，用产能表示；灵活性是指转产生产其他产品时设备调整的难易程度，主要看转产费用的高低和转产周期的长短。我们根据表3-2来对各种生产线进行比较分析。

表3-2　　　　　　　　　　　　　　　　生产线对比表

生产线类型	购买价格	安装周期	生产周期	转产周期	转产费用	维修费	残值
手工生产线	5M	无	3Q	无	无	1M/年	1M
半自动生产线	8M	2Q	2Q	1Q	1M	1M/年	2M
全自动生产线	16M	4Q	1Q	2Q	4M	1M/年	3M
柔性生产线	24M	4Q	1Q	无	无	1M/年	4M

　　从表3-2中，我们可以分析如下：

　　（1）产能较高的是全自动生产线和柔性生产线，4个/年（产能=4÷生产周期，如全自动生产线产能=4÷1=4个/年）。全自动生产线转产时的灵活性没有柔性生产线好，但柔性生产线的购买价格较高。

　　（2）半自动生产线的优点是价格低，但产能不如全自动生产线，灵活性不如柔性生产线。

　　（3）手工生产线效率太低（产能=4÷3=1.3个/年），上新生产线时很少考虑，但原有3条手工生产线却可加以利用。手工生产线灵活性好，原来3条手工生产线可以看作是1条柔性生产线，在不卖掉的情况下可以随时转产，十分便捷，同时节省投资成本。我们现将3条手工生产线同1条柔性生产线进行比较分析，如表3-3所示。

表3-3　　　　　　　　3条手工生产线同1条柔性生产线对比表

项　目	3条手工生产线(原有)	1条柔性生产线
建设资金	无	24M
安装周期	无	4Q
转产周期	无	无
转产费	无	无
占用机位数	3	1
每年维修费	3M	1M
折旧费多少	少	多
第二年是否能生产出P2产品或P3产品	不能	能

　　（4）企业经营者要考虑机位和维修费问题。例如，2条半自动生产线从价格和产能上看与1条全自动生产线等价，且有安装周期短和可分两次投资的特点，但前者要多占1个机位并且每年多交1M的维修费（在租用小厂房有多余机位时和资金紧张时又当别论）。现在我们将2条半自动生产线同1条全自动生产线进行比较分析，如表3-4所示。

表3-4　　　　　　　　　**2条半自动生产线同1条全自动生产线对比表**

项　目	2条半自动生产线	1条全自动生产线
建设资金	16M	16M
安装周期	2Q	4Q
转产周期	1Q	2Q
转产费	2M	1M
占用机位数	2	1
每年维修费	2M	1M
第二年是否能生产出P2产品或P3产品	不能	能

二、用新生产线生产不同产品的分析

用新投资的柔性生产线生产P1产品合理吗?在进行生产线投资决策时，往往会遇到此类问题。依照附录1的竞争规则，我们可以从设备的投资回收期去考虑。表3-5是用各种设备生产不同产品的投资回收期计算表。

表3-5　　　　　　　　　　　**投资回收期计算表**　　　　　　　　单位：百万元

生产线	产品	投入资金	安装时间（年）	年产能（个）	预计单价	单位成本	毛利[1]	维修费	利息[2]	回收期[3]（年）
手工	P1	5.00	—	1	4.00	2.00	2.00	1.00	0.25	6.7
半自动	P1	8.00	0.5	2	4.00	2.00	4.00	1.00	0.48	3.6
全自动	P1	16.00	1.0	4	4.00	2.00	8.00	1.00	0.80	3.6
柔性	P1	24.00	1.0	4	4.00	2.00	8.00	1.00	1.20	5.1
手工	P2	5.00	—	1	7.00	3.00	4.00	1.00	0.25	2.2
半自动	P2	8.00	0.5	2	7.00	3.00	8.00	1.00	0.48	1.7
全自动	P2	16.00	1.0	4	7.00	3.00	16.00	1.00	0.80	2.1
柔性	P2	24.00	1.0	4	7.00	3.00	16.00	1.00	1.20	2.7
手工	P3	5.00	—	1	8.00	4.00	4.00	1.00	0.25	2.2
半自动	P3	8.00	0.5	2	8.00	4.00	8.00	1.00	0.48	1.7
全自动	P3	16.00	1.0	4	8.00	4.00	16.00	1.00	0.80	2.1
柔性	P3	24.00	1.0	4	8.00	4.00	16.00	1.00	1.20	2.7
手工	P4	5.00	—	1	9.50	5.00	4.50	1.00	0.25	4.0
半自动	P4	8.00	0.5	2	9.50	5.00	9.00	1.00	0.48	1.6
全自动	P4	16.00	1.0	4	9.50	5.00	18.00	1.00	0.80	2.0
柔性	P4	24.00	1.0	4	9.50	5.00	18.00	1.00	1.20	2.5

说明：①毛利=预计单价-单位成本

②利息为生产线投入资金的机会成本，我们假设按年利率5%计算。

③回收期=安装时间+生产线投入资金÷（毛利-维修费-利息）

从表3-5可以看出，投资所有类型生产线生产P1产品，投资回收期都较长，是不可取的。另外，用柔性生产线生产所有产品投资回收期同全自动、半自动生产线的投资回收期相比，都显得稍长一些。因此，柔性生产线不宜上得太多，在参赛学员中，有人认为模拟企业在考虑上柔性生产线时，以投资1~2条的柔性生产线为宜。

三、产能总量的分析

产能要达到多少才算合适?这也是一个重要的问题。这一点，可从每年的各产品需求量来考虑。下面是根据每种产品（不包括P4产品）的逐年需求量做出的统计表，假设参赛队有6个队，具体计算如表3-6所示（表中数据根据附录3市场预测表中图示整理而成）。

表3-6　　　　　　　　　　　　每年产能需求量计算表　　　　　　　　　　单位：个

年份	P1	P2	P3	合计	平均	调整后数字
1	23			23	3.8	4
2	27	18	8	53	8.8	9
3	38	38	18	94	15.7	16
4	33	55	31	119	19.8	20
5	39	45	40	124	20.7	20
6	29	36	51	116	19.3	20

每个模拟企业产能的设置可参考表中调整后的数字列，即从第一年到第六年依次为4、9、16、20、20、20，若企业成为某市场的领导者，由于订单优先选取，能选到一些好单，产能设置时可高于这组数据；反之，则此组数据也应大致相仿或略低于此组数据。

根据以上分析，可得出一些结论：尽量采用全自动或柔性生产线，手工生产线只是在最后几条加分用。如事先存在一些陈旧的手工线或半自动设备，则将其尽快卖掉。主打产品主要是P2和P3，有时也可考虑P4。

［思考与创新］

1.说一说，假如你是企业的CMO，你应如何协助CEO做出有关的营销方面的决策。

2.说一说，假如你是企业的CFO，你应如何协助CEO做出有关的财务方面的决策。

3.谈一谈，假如你是企业的COO，你应如何协助CEO做出有关的生产方面的决策。

第四章

实战案例

本章通过几家模拟公司的经营成果来展示ERP沙盘的魅力，通过案例使读者熟练掌握ERP沙盘的操作，为其进行实战做好准备。本章中的2家公司的前期背景均采用第二章中的起始年经营的相关资料。比赛规则参见书后附录1，市场预测数据参见书后附录3。

● 第一节　思锐模拟公司战例

思锐模拟公司由3男3女组成，在实战中以稳健著称，他们计算精准，深谋远虑。虽然是第一次接触ERP沙盘，难免有一些失误，但理解力超常，接受力出众。

一、思锐公司第一年经营情况

1.新年度规划会议

在新年度规划会议上，大家讨论热烈，各抒己见，最后达成共识，CEO拍板决定：广告采用保守策略，广告费投入4M。

2.订货会议

CMO（营销总监）参加订货会议，投入4M广告费，排名第三，得到1张订单并将其登记在订单登记表中，如表4-1所示。

表4-1　　　　　　　　　　　　订单登记表

订单号	1				合计
市　场	本地				
产　品	P1				
数　量	4				4
账　期	3Q				
销售额	22M				22M
成　本	8M				8M
毛　利	14M				14M
未　售					

说明：在订单登记表中销售额、成本和毛利要在交货时才能填写。但在本章中为了说明订单情况，在此统一整理，一并填写，实战中要注意只有交货时才能填写。

3.现金预算

该公司CFO（财务总监）根据企业当年生产计划和投资计划编制了现金预算表，如表4-2所示。

表4-2　　　　　　　　　　　　思锐公司第一年现金预算表

项　目	一季度	二季度	三季度	四季度
期初库存现金	42M	33M	27M	13M
支付上年应交税	−1M			
市场广告投入	−4M			
贴现费用				
利息(短期贷款)				
支付到期短期贷款				
原料采购支付现金	−1M	−2M	−2M	
转产费用				
生产线投资			−8M	−8M
工人工资	−1M	−2M	−2M	
产品研发投资	−1M	−1M	−1M	−1M
收到现金前的所有支出				
应收款到期				
支付管理费用	−1M	−1M	−1M	−1M
利息(长期贷款)				−4M
支付到期长期贷款				
设备维护费用				−4M
租金				
购买新建筑				
市场开拓投资				−1M
ISO认证投资				−1M
其他				
库存现金余额	33M	27M	13M	−7M

4.制订本年度计划

（1）现有4条生产线满负荷生产P1产品。

（2）第一季度开始研发P2产品，每季投入资金1M。

（3）第三季开始投入2条全自动生产线资金，每季8M。

（4）进行ISO 9000认证，投资1M。

（5）开拓区域市场，投资1M。

（6）根据现金预算，年末企业现金流量已不足，借入长期贷款40M。

5.公司当年经营情况

思锐公司第一年的运营情况如表4-3所示。

表4-3   思锐公司第一年运营表

内　容	一季度	二季度	三季度	四季度
新年度规划会议	√			
参加订货会/登记销售订单	−4M			
制订新年度计划	√			
支付应付税	−1M			
季初现金盘点(请填余额)	37M	33M	28M	15M
更新短期贷款/还本付息/申请短期贷款(高利贷)	×	×	×	×
更新应付款/归还应付款	×	×	×	×
原材料入库/更新原料订单	−1M	−1M	−2M	−1M
下原料订单	√	√	√	√
更新生产/完工入库	√	√	√	√
投资新生产线/变卖生产线/生产线转产	×	×	−8M	−8M
向其他企业购买原材料/出售原材料	×	×	×	×
开始下一批生产	−1M	−2M	−1M	−2M
更新应收款/应收款收现	×	√	√	22M
出售厂房	×	×	×	×
向其他企业购买成品/出售成品	×	×	×	×
按订单交货	√①	×	×	×
产品研发投资	−1M	−1M	−1M	−1M
支付行政管理费	−1M	−1M	−1M	−1M
其他现金收支情况登记	×	×	×	×
支付利息/更新长期贷款/申请长期贷款				−4M+40M②
支付设备维护费				−4M③
支付租金/购买厂房				×
计提折旧				(4M)④
新市场开拓/ISO资格认证投资				−2M
结账				√
现金收入合计	0	0	0	62M
现金支出合计	4M	5M	13M	23M
期末现金对账(请填余额)	33M	28M	15M	54M

　　说明：①1号订单在此期交货。②年初有40M的长期贷款，按10%计算利息，利息为4M。年末又借入40M的长期贷款。③本年有4条生产线生产产品，故设备维护费为4M。④按比赛规则规定，当固定资产净值低于（或等于）3M时，按1M计提折旧，直至提完为止，故当年的每条生产线均按1M计提折旧，折旧费共计4M。

　　6.填写商品核算统计表

　　企业在交货时要填写、记录商品核算表，到年末统计出全年的商品销售，并填写商品核算统计表，如表4-4所示。

表4-4 商品核算统计表

项 目	P1	P2	P3	P4	合 计
数 量	4				4
销售额	22M				22M
成 本	8M				8M
毛 利	14M				14M

7.填写费用明细表

将全年的费用汇总，填写全年的费用明细表，如表4-5所示。

表4-5 费用明细表

项 目	金 额	备 注
管理费	4M	
广告费	4M	
保养费	4M	
租 金		
转产费		
市场准入开拓	1M	☑区域 □国内 □亚洲 □国际
ISO资格认证	1M	☑ISO 9000 □ISO 14000
产品研发	4M	P2(√) P3( ) P4( )
其 他		
合 计	18M	

8.编制利润表

根据本年发生的经济业务，编制本年的简易式利润表，如表4-6所示。

表4-6 简易式利润表 单位：百万元

项 目	上年数	本年数
一、销售收入	32	22
减：直接成本	12	8
二、毛利	20	14
减：综合费用	9	18
三、折旧前利润	11	−4
减：折旧	4	4
四、支付利息前利润	7	−8
加：财务收入/支出(支出以负数表示)	−4	−4
加：其他收入/支出(支出以负数表示)		
五、税前利润	3	−12
减：所得税	1	
六、净利润	2	−12

9.编制资产负债表

根据本年发生的经济业务，年末编制本年的简易式资产负债表，如表4-7所示。

表4-7　　　　　　　　　　　　　　　简易式资产负债表　　　　　　　　　　　　　　单位：百万元

资　产	期初数	期末数	负债和所有者权益	期初数	期末数
流动资产：			负债：		
现金	42	54	长期负债	40	80
应收款	0	0	短期负债		
在制品	8	8	应付账款		
产成品	6	10	应交税费	1	0
原料	2	1	一年内到期的长期负债		
流动资产合计	58	73	负债合计	41	80
固定资产：			所有者权益：		
土地和建筑	40	40	股东资本	50	50
机器与设备	9	5	利润留存	14	16*
在建工程		16	年度净利	2	-12
固定资产合计	49	61	所有者权益合计	66	54
资产总计	107	134	负债和所有者权益总计	107	134

说明：*期末利润留存数16M为期初利润留存数14M加期初年度净利数2M得来。

决策评析：

（1）广告费投入适中，广告投入产出比较好，达到5.5（22÷4），是6个模拟企业中最高的。

（2）第一年投入开发费用适当，期末权益值较高，使以后筹资不至于困难。

二、思锐公司第二年经营情况

1.新年度规划会议

在新年度规划会议上，经过热烈讨论，大家认为应加大广告费的投入，以争取更多的订单。最后CEO决定投入10M的广告费。

2.订货会议

营销总监参加订货会议，广告费投入10M，如表4-8所示。

表4-8　　　　　　　　　　　　　　　　广告费投入明细表

市场	本地			区域			国内			亚洲			合计
产品	P1	P2	P3	P1	P2	P3	P1	P2	P3	P1	P2	P3	
广告	1M			5M	4M								10M
9K													
14K													

经过选单，营销总监为本企业得到5张订单，内容如表4-9所示。

表4-9　　　　　　　　　　　　　　订单登记表

订单号	1	2	3	4	5			合计
市　场	本地	区域	区域	区域	区域			
产　品	P1	P1	P1	P1	P2			
数　量	1	2	3	2	2			
账　期	0Q	2Q	3Q	2Q	3Q			
销售额	5M	9M	15M	10M	14M			53M
成　本	2M	4M	6M	4M	6M			22M
毛　利	3M	5M	9M	6M	8M			31M
未　售								

3.制订本年度计划

（1）得到订单后现有生产线满负荷生产P1产品。

（2）继续研发P2产品，投入2M；继续投入2条全自动生产线的资金16M。第三季度用新建成的2条全自动生产线生产P2产品。

（3）第一季度开始研发P3产品，投入8M。

（4）开拓国内市场和亚洲市场，进行ISO 9000认证，投入资金共3M。

（5）年末归还长期贷款利息8M（80×10%），并借入短期贷款20M，以预防下年资金的不足。

4.公司当年经营情况

思锐公司第二年运营情况如表4-10所示。

表4-10　　　　　　　　　　　　思锐公司第二年运营表

内　容	一季度	二季度	三季度	四季度
新年度规划会议	√			
参加订货会/登记销售订单	−10M			
制订新年度计划	√			
支付应付税	×			
季初现金盘点(请填余额)	44M	30M	20M	18M
更新短期贷款/还本付息/申请短期贷款(高利贷)	×	×	×	20M
更新应付款/归还应付款	×	×	×	×
原材料入库/更新原料订单	−1M	−1M	−5M	−6M
下原料订单	√	√	√	√

内　容	一季度	二季度	三季度	四季度
更新生产/完工入库	√	√	√	√
投资新生产线/变卖生产线/生产线转产	−8M	−8M	×	×
向其他企业购买原材料/出售原材料	×	×	×	×
开始下一批生产	−1M	−2M	−3M	−4M
更新应收款/应收款收现	×	√	9M	25M
出售厂房	×	×	×	×
向其他企业购买成品/出售成品	×	×	×	×
按订单交货	√①	5M②	×	√③
产品研发投资	−3M	−3M	−2M	−2M
支付行政管理费	−1M	−1M	−1M	−1M
其他现金收支情况登记	×	×	×	×
支付利息/更新长期贷款/申请长期贷款				−8M
支付设备维护费				−6M④
支付租金/购买厂房				×
计提折旧				(4M)④
新市场开拓/ISO资格认证投资				−3M
结账				√
现金收入合计	0M	5M	9M	45M
现金支出合计	14M	15M	11M	30M
期末现金对账(请填余额)	30M	20M	18M	33M

说明：①2号订单、3号订单在此期交货。②1号订单、4号订单在此期交货。③5号订单在此期交货。④按企业会计制度规定，当年新建成投产的2条全自动生产线不计提折旧，但要发生设备维护费，目前企业有6条生产线生产，故设备维护费为6M；按比赛规则规定，固定资产折旧提到0为止（这不符合实际会计制度的规定，教师可对比赛规则进行修订），3条手工生产线和1条半自动生产线各提1M折旧，故本年的折旧费为4M（至此手工生产线已提足折旧）。

5.填写商品核算统计表

交货时要填写、记录商品核算表，到年末统计出全年的商品销售，并填写商品核算统计表，如表4-11所示。

表4-11　　　　　　　　　　　　　**商品核算统计表**

项　目	P1	P2	P3	P4	合　计
数　量	8	2			10
销售额	39M	14M			53M
成　本	16M	6M			22M
毛　利	23M	8M			31M

6.填写费用明细表

将全年的费用汇总，填写全年的费用明细表，如表4-12所示。

表4-12　　　　　　　　　　　　　**费用明细表**

项　目	金　额	备　注
管理费	4M	
广告费	10M	
保养费	6M	
租　金		
转产费		
市场准入开拓	2M	□区域　☑国内　☑亚洲　□国际
ISO资格认证	1M	☑ISO 9000　□ISO 14000
产品研发	10M	P2(√)　P3(√)　P4(　)
其　他		
合　计	33M	

7.编制利润表

根据本年发生的经济业务，编制本年的简易式利润表，如表4-13所示。

表4-13　　　　　　　　　　　　　**简易式利润表**　　　　　　　　单位：百万元

项　目	上年数	本年数
一、销售收入	22	53
减：直接成本	8	22
二、毛利	14	31
减：综合费用	18	33
三、折旧前利润	−4	−2
减：折旧	4	4
四、支付利息前利润	−8	−6
加：财务收入/支出(支出以负数表示)	−4	−8
加：其他收入/支出(支出以负数表示)		
五、税前利润	−12	−14
减：所得税		
六、净利润	−12	−14

8.编制资产负债表

根据本年发生的经济业务，年末编制本年的简易式资产负债表，如表4-14所示。

表4-14   **简易式资产负债表**   单位：百万元

资　产	期初数	期末数	负债和所有者权益	期初数	期末数
流动资产：			负债：		
现金	54	33	长期负债	80	60
应收款	0	14	短期负债		20
在制品	8	14	应付账款		
产成品	10	6	应交税费		
原料	1	0	一年内到期的长期负债		20
流动资产合计	73	67	负债合计	80	100
固定资产：			所有者权益：		
土地和建筑	40	40	股东资本	50	50
机器与设备	5	33①	利润留存	16	4②
在建工程	16	0	年度净利	−12	−14
固定资产合计	61	73	所有者权益合计	54	40
资产总计	134	140	负债和所有者权益总计	134	140

说明：①33M是生产线的净值，包括2条全自动生产线净值32M和1条半自动生产线净值1M。②期末利润留存数4M为期初利润留存数16M加期初年度净利数−12M得来。

三、思锐公司第三年经营情况

1.新年度规划会议

在规划会议上，企业领导层决定继续加大广告费的投入以争取更多订单。

2.订货会议

营销总监参加订货会议，广告费投入11M，详情如表4-15所示。

表4-15   **广告费投入明细表**

市场	本地			区域			国内			亚洲			合计
产品	P1	P2	P3	P1	P2	P3	P1	P2	P3	P1	P2	P3	
广告	1M	1M		5M	4M								11M
9K													
14K													

经过选单，营销总监为本企业得到4张订单，内容如表4-16所示。

表4-16   **订单登记表**

订单号	1	2	3	4	合计
市场	本地	本地	区域	区域	
产品	P1	P2	P1	P2	
数量	4	4	3	4	
账期	1Q	2Q	2Q	2Q	
销售额	18M	30M	14M	31M	93M
成本	8M	12M	6M	12M	38M
毛利	10M	18M	8M	19M	55M

3.制订本年度计划

（1）继续利用半自动生产线和手工生产线生产P1产品，利用全自动生产线生产P2产品。

（2）继续研发P3产品，投入研发资金4M。

（3）开拓国内市场和亚洲市场，投入资金2M。

（4）第四季度将半自动生产线转产P3产品，发生转产费用1M。

（5）年末偿还长期贷款本（20M）息（8M）、短期贷款本（20M）息（1M）；又借入短期贷款20M和长期贷款20M。

4.公司当年经营情况

思锐公司第三年运营情况，如表4-17所示。

表4-17   思锐公司第三年运营表

内　容	一季度	二季度	三季度	四季度
新年度规划会议	√			
参加订货会/登记销售订单	-11M			
制订新年度计划	√			
支付应付税	×			
季初现金盘点(请填余额)	22M	11M	16M	21M
更新短期贷款/还本付息/申请短期贷款(高利贷)	×	×	×	-21M+20M
更新应付款/归还应付款	×	×	×	×
原材料入库/更新原料订单	-5M	-6M	-5M	-6M
下原料订单	√	√	√	√
更新生产/完工入库	√	√	√	√
投资新生产线/变卖生产线/生产线转产	×	×	×	-1M
向其他企业购买原材料/出售原材料	×	×	×	×
开始下一批生产	-3M	-4M	-3M	-3M
更新应收款/应收款收现		18M	14M	31M
出售厂房	×	×	×	×
向其他企业购买成品/出售成品	×	×	×	×
按订单交货	√①	√②	√③	√④
产品研发投资	-2M	-2M	×	×
支付行政管理费	-1M	-1M	-1M	-1M
其他现金收支情况登记	×	×	×	×
支付利息/更新长期贷款/申请长期贷款				-28M+20M
支付设备维护费				-6M⑤
支付租金/购买厂房				×
计提折旧				(11M)⑥
新市场开拓/ISO资格认证投资				-2M
结账				√
现金收入合计	0M	18M	14M	71M
现金支出合计	11M	13M	9M	68M
期末现金对账(请填余额)	11M	16M	21M	24M

说明：①1号订单在此期交货。②4号订单在此期交货。③3号订单在此期交货。④2号订单在此期交货。⑤目前企业共有6条生产线（3条手工生产线、1条半自动生产线和2条全自动生产线），故需支付设备维护费6M。⑥本年需提折旧的生产线为1条半自动生产线（净值1M）和2条全自动生产线（每条净值16M），每条全自动生产线应提折旧额=16M×1/3=5M（取整数部分），故折旧费用合计11M。半自动生产线至此已提足折旧。

5.填写商品核算统计表

交货时要填写、记录商品核算表，到年末统计出全年的商品销售，并填写商品核算统计表，如表4-18所示。

表4-18   商品核算统计表

项　目	P1	P2	P3	P4	合计
数　量	7	8			
销售额	32M	61M			93M
成　本	14M	24M			38M
毛　利	18M	37M			55M

6.填写费用明细表

将全年的费用汇总，填写全年的费用明细表，如表4-19所示。

表4-19   费用明细表

项　目	金　额	备　注
管理费	4M	
广告费	11M	
保养费	6M	
租　金		
转产费	1M	
市场准入开拓	2M	□区域　☑国内　☑亚洲　□国际
ISO资格认证		□ISO 9000　□ISO 14000
产品研发	4M	P2(　)　P3(√)　P4(　)
其　他		
合　计	28M	

7.编制简易式利润表

根据本年发生的经济业务，编制本年的简易式利润表，如表4-20所示。

表4-20   简易式利润表   单位：百万元

项　目	上年数	本年数
一、销售收入	53	93
减：直接成本	22	38
二、毛利	31	55
减：综合费用	33	28
三、折旧前利润	−2	27
减：折旧	4	11
四、支付利息前利润	−6	16
加：财务收入/支出(支出以负数表示)	−8	−9
加：其他收入/支出(支出以负数表示)		
五、税前利润	−14	7
减：所得税		
六、净利润	−14	7*

说明：*本年度取得的利润需弥补以前年度的亏损（第一年亏损12M，第二年亏损14M），因此本年度不交纳所得税。

8.编制资产负债表

根据本年发生的经济业务，年末编制本年的简易式资产负债表，如表4-21所示。

表4-21　　　　　　　　　　　　　简易式资产负债表　　　　　　　　　　　单位：百万元

资 产	期初数	期末数	负债和所有者权益	期初数	期末数
流动资产：			负债：		
现金	33	24	长期负债	80	60
应收款	14	44	短期负债	20	20
在制品	14	12	应付账款		
产成品	6	4	应交税费		
原料	0	1	一年内到期的长期负债		20
流动资产合计	67	85	负债合计	100	100
固定资产：			所有者权益：		
土地和建筑	40	40	股东资本	50	50
机器与设备	33	22	利润留存	4	-10
在建工程			年度净利	-14	7
固定资产合计	73	62	所有者权益合计	40	47
资产总计	140	147	负债和所有者权益总计	140	147

四、思锐公司第四年经营情况

1.新年度规划会议

在新年度规划会议上，CEO仍决定多投入广告以争取订单。

2.订货会议

营销总监参加订货会议，在本地市场和区域市场投入广告费共10M，如表4-22所示。

表4-22　　　　　　　　　　　　　广告费投入明细表

市场	本地			区域			国内			亚洲			合计
产品	P1	P2	P3	P1	P2	P3	P1	P2	P3	P1	P2	P3	
广告		1M	1M	3M	3M								10M
9K		1M			1M								
14K													

经过选单，营销总监为本企业得到4张订单，内容如表4-23所示。

表4-23 订单登记表

订单号	1	2	3	4							合计
市 场	本地	本地	区域	区域							
产 品	P2	P3	P1	P2							
数 量	5	2	3	2							
账 期	3Q	2Q	3Q	1Q							
销售额	41M	20M	15M	16M							92M
成 本	15M	8M	6M	6M							35M
毛 利	26M	12M	9M	10M							57M
未 售											

本年度该企业获区域市场领导者地位。

3. 制订本年度计划

（1）手工生产线上的P1产品下线后转产P2产品和P3产品；利用半自动生产线生产P3产品；利用全自动生产线生产P2产品。

（2）年末偿还短期贷款本（20M）息（1M）和长期贷款本（20M）息（8M）；又借入长期贷款20M和短期贷款40M。

4. 公司当年经营情况

思锐公司第四年运营情况，如表4-24所示。

表4-24 思锐公司第四年运营表

内 容	一季度	二季度	三季度	四季度
新年度规划会议	√			
参加订货会/登记销售订单	−10M			
制订新年度计划	√			
支付应付税	×			
季初现金盘点(请填余额)	14M	15M	49M	36M
更新短期贷款/还本付息/申请短期贷款(高利贷)	×	×	×	−21M+40M
更新应付款/归还应付款	×	×	×	×
原材料入库/更新原料订单	−8M	−8M	−8M	−8M
下原料订单	√	√	√	√
更新生产/完工入库	√	√	√	√
投资新生产线/变卖生产线/生产线转产	×	×	×	×

内　　容	一季度	二季度	三季度	四季度
向其他企业购买原材料/出售原材料	×	×	×	×
开始下一批生产	−4M	−3M	−4M	−3M
更新应收款/应收款收现	14M	46M	√	15M
出售厂房	×	×	×	×
向其他企业购买成品/出售成品	×	×	×	×
按订单交货	√①	×	×	√②
产品研发投资	×	×	×	×
支付行政管理费	−1M	−1M	−1M	−1M
其他现金收支情况登记	×	×	×	×
支付利息/更新长期贷款/申请长期贷款				−28M+20M
支付设备维护费				−6M
支付租金/购买厂房				×
计提折旧				(6M)③
新市场开拓/ISO资格认证投资				×
结账				√
现金收入合计	14M	66M	0M	55M
现金支出合计	13M	12M	13M	67M
期末现金对账(请填余额)	15M	49M	36M	44M

说明：①3号订单、4号订单在此期交货。②1号订单、2号订单在此期交货。③本年应提折旧的生产线为2条全自动生产线，每条净值为11M，每条应提折旧额=11M×1/3=3M（取整数部分），故本年折旧费用合计6M。

5.填写商品核算统计表

交货时要填写、记录商品核算表，到年末统计出全年的商品销售，并填写商品核算统计表，如表4-25所示。

表4-25   商品核算统计表

项　目	P1	P2	P3	P4	合　计
数　量	3	9	2		14
销售额	15M	57M	20M		92M
成　本	6M	21M	8M		35M
毛　利	9M	36M	12M		57M

6.填写费用明细表

将全年的费用汇总，填写全年的费用明细表，如表4-26所示。

表4-26 费用明细表

项 目	金 额	备 注
管理费	4M	
广告费	10M	
保养费	6M	
租 金		
转产费		
市场准入开拓		□区域 □国内 □亚洲 □国际
ISO资格认证		□ISO 9000 □ISO 14000
产品研发		P2( ) P3( ) P4( )
其 他		
合 计	20M	

7.编制简易式利润表

根据本年发生的经济业务，编制本年的简易式利润表，如表4-27所示。

表4-27 简易式利润表 单位：百万元

项 目	上年数	本年数
一、销售收入	93	92
减：直接成本	38	35
二、毛利	55	57
减：综合费用	28	20
三、折旧前利润	27	37
减：折旧	11	6
四、支付利息前利润	16	31
加：财务收入/支出(支出以负数表示)	−9[①]	−9[①]
加：其他收入/支出(支出以负数表示)		
五、税前利润	7	22
减：所得税		7[②]
六、净利润	7	15

说明：①本年的利息费用包括长期贷款利息8M、短期贷款利息1M。②该企业当年所得税计算有误，因为当年取得的利润应可弥补以前年度亏损（19M），剩余部分才需计算税金，正确的税金应为1M（10M×1/3）。但在实战中，属于公司自己失误造成的损失由公司自己承担。因此，由于企业计算失误，企业当年权益值减少了6M。

8.编制资产负债表

根据本年发生的经济业务，年末编制本年的简易式资产负债表，如表4-28所示。

表4-28　　　　　　　　　　　　　　**简易式资产负债表**　　　　　　　　　　　　单位：百万元

资　　产	期初数	期末数	负债和所有者权益	期初数	期末数
流动资产：			负债：		
现金	24	44	长期负债	80	80
应收款	44	61	短期负债	20	40
在制品	13	21	应付账款		
产成品	4	7	应交税费		7
原料			一年内到期的长期负债		
流动资产合计	85	133	负债合计	100	127
固定资产：			所有者权益：		
土地和建筑	40	40	股东资本	50	50
机器与设备	22	16	利润留存	-10	-3
在建工程			年度净利	7	15
固定资产合计	62	56	所有者权益合计	47	62
资产总计	147	189	负债和所有者权益总计	147	189

五、思锐公司第五年经营情况

1.新年度规划会议

在新年度规划会议上，CEO仍决策为争取订单多投入广告。

2.订货会议

营销总监参加订货会议，广告费投入共10M，详情如表4-29所示。

表4-29　　　　　　　　　　　　　　**广告费投入明细表**

市场	本地			区域			国内			亚洲			合计
产品	P1	P2	P3	P1	P2	P3	P1	P2	P3	P1	P2	P3	
广告		3M	3M		1M	1M							10M
9K		1M			1M								
14K													

经过选单，营销总监为本企业得到5张订单，内容如表4-30所示。

表4-30　　　　　　　　　　　　　　**订单登记表**

订单号	1	2	3	4	5					合计
市　场	本地	本地	本地	区域	区域					
产　品	P2	P2	P3	P2	P3					
数　量	2	3	2	2	2					
账　期	1Q	2Q	1Q	1Q	1Q					
销售额	17M	25M	18M	13M	18M					91M
成　本	6M	9M	8M	6M	8M					37M
毛　利	11M	16M	10M	7M	10M					54M
未　售										

3.制订本年度计划

（1）半自动生产线继续生产P3产品，全自动生产线继续生产P2产品。用2条手工生产线生产P3产品，用1条手工生产线生产P2产品。

（2）年末归还到期的短期贷款本（40M）息（2M）。

4.公司当年经营情况

思锐公司第五年运营情况，如表4-31所示。

表4-31　　　　　　　　　　思锐公司第五年运营表

内　　容	一季度	二季度	三季度	四季度
新年度规划会议	√			
参加订货会/登记销售订单	−10M			
制订新年度计划	√			
支付应付税	−7M			
季初现金盘点（请填余额）	27M	13M	52M	96M
更新短期贷款/还本付息/申请短期贷款(高利贷)	×	×	×	−42M
更新应付款/归还应付款	×	×	×	×
原材料入库/更新原料订单	−9M	−7M	−10M	−6M
下原料订单	√	√	√	√
更新生产/完工入库	√	√	√	√
投资新生产线/变卖生产线/生产线转产	×	×	×	×
向其他企业购买原材料/出售原材料	×	×	×	×
开始下一批生产	−4M	−3M	−4M	−3M
更新应收款/应收款收现	×	50M	59M	18M
出售厂房	×	×	×	×
向其他企业购买成品/出售成品	×	×	×	×
按订单交货	√①	√②	√③	×
产品研发投资	×	×	×	×
支付行政管理费	−1M	−1M	−1M	−1M
其他现金收支情况登记	×	×	×	×
支付利息/更新长期贷款/申请长期贷款				−8M
支付设备维护费				−6M
支付租金/购买厂房				×
计提折旧				(4M)④
新市场开拓/ISO资格认证投资				×
结账				√
现金收入合计	0M	50M	59M	18M
现金支出合计	14M	11M	15M	66M
期末现金对账（请填余额）	13M	52M	96M	48M

说明：①4号订单、1号订单在此期交货。②3号订单在此期交货。③5号订单、2号订单在此期交货。④本年应提折旧的生产线为2条全自动生产线，每条净值为8M，每条应提折旧额=8M×1/3=2M（取整数部分），故折旧费用合计为4M。

5.填写商品核算统计表

交货时要填写、记录商品核算表，到年末统计出全年的商品销售，并填写商品核算统计表，如表4-32所示。

表4-32　　　　　　　　　　　　　商品核算统计表

项　目	P1	P2	P3	P4	合计
数　量		7	4		11
销售额		55M	36M		91M
成　本		21M	16M		37M
毛　利		34M	20M		54M

6.填写费用明细表

将全年的费用汇总，填写全年的费用明细表，如表4-33所示。

表4-33　　　　　　　　　　　　　费用明细表

项　目	金　额	备　注
管理费	4M	
广告费	10M	
保养费	6M	
租　金		
转产费		
市场准入开拓		□区域　□国内　□亚洲　□国际
ISO资格认证		□ISO 9000　□ISO 14000
产品研发		P2(　)　P3(　)　P4(　)
其　他		
合　计	20M	

7.编制利润表

根据本年发生的经济业务，编制本年的简易式利润表，如表4-34所示。

表4-34　　　　　　　　　　　　　简易式利润表　　　　　　　　　　　　单位：百万元

项　目	上年数	本年数
一、销售收入	92	91
减：直接成本	35	37
二、毛利	57	54
减：综合费用	20	20
三、折旧前利润	37	34
减：折旧	-6	4
四、支付利息前利润	31	30
加：财务收入/支出(支出以负数表示)	-9	-10
加：其他收入/支出(支出以负数表示)		
五、税前利润	22	20
减：所得税	7	6[*]
六、净利润	15	14

说明：*本年应交纳的所得税=20M×1/3=6M（取整数部分）。

8.编制资产负债表

根据本年发生的经济业务，年末编制本年的简易式资产负债表，如表4-35所示。

表4-35　　　　　　　　　　　简易式资产负债表　　　　　　　　　　单位：百万元

资　产	期初数	期末数	负债和所有者权益	期初数	期末数
流动资产：			负债：		
现金	80	48	长期负债	80	40
应收款	40	25	短期负债	40	
在制品		21	应付账款		
产成品	7	16	应交税费	7	6
原料			一年内到期的长期负债		40
流动资产合计	127	110	负债合计	127	86
固定资产：			所有者权益：		
土地和建筑	50	40	股东资本	50	50
机器与设备	-3	12	利润留存	-3	12
在建工程	15		年度净利	15	14
固定资产合计	62	52	所有者权益合计	62	76
资产总计	189	162	负债和所有者权益总计	189	162

决策评析：

在新年规划会上，该公司拟投13M广告费，但担心拿不下市场领导者地位，又临时决定增加1M广告费。广告投标公布时，致使满场发出惊呼声。在同行业比较计算中，得知广告投标第二名的公司投入了9M广告费，拿到了毛利16M的订单。该公司的毛利减广告费的差额为8M（22M-14M）同第二名公司的毛利减广告费的差额7M（16M-9M）相比还多1M，且获得市场领导者地位后，以后可享受少投广告费优先拿订单的优惠，因此新年规划是成功的。

● 第二节　捷敏模拟公司战例

捷敏公司在实战中以敢打敢拼著称，积极占领本地市场，多卖快上生产线，其魄力无限，勇不可当。经过6年的激战，最后在6个公司中脱颖而出，荣获第一。

一、捷敏公司第一年经营情况

1.新年度规划会议

在新年度规划会议上，大家最后达成共识：广告采用激进策略，投入14M。

2.订货会议

营销总监参加订货会议，投入14M广告费，排名第一，得到1张订单，详情如表4-36

所示。

表4-36   订单登记表

订单号	1							合计
市　场	本地							
产　品	P2							
数　量	7							7
账　期	2Q							
销售额	36M							36M
成　本	14M							14M
毛　利	22M							22M
未　售								

3.制订本年度计划

（1）现有四条设备满负荷生产P1产品。

（2）第一季度开始研发P2，每季投入资金1M，第三季度开始研发P3，每季投入资金2M。

（3）第三季度开始投入2条全自动生产线，每季投入资金8M。

（4）年末借入长期贷款80M，开拓国内、亚洲和国际市场，投资3M，进行ISO 9000和ISO 1400认证，投资2M。

4.公司当年经营情况

捷敏公司第一年的运营情况如表4-37所示。

表4-37   捷敏公司第一年运营表

内　容	一季度	二季度	三季度	四季度
新年度规划会议	√			
参加订货会/登记销售订单	-14M			
制订新年度计划	√			
支付应付税	-1M			
季初现金盘点(请填余额)	27M	24M	19M	5M
更新短期贷款/还本付息/申请短期贷款(高利贷)	×	×	×	20M
更新应付款/归还应付款	×	×	×	×
原材料入库/更新原料订单		-1M	-1M	-2M

内　容	一季度	二季度	三季度	四季度
下原料订单	√	√	√	√
更新生产/完工入库	√	√	√	√
投资新生产线/变卖生产线/生产线转产	×	×	−8M	−8M
向其他企业购买原材料/出售原材料	×	×	×	×
开始下一批生产	−1M	−2M	−1M	−2M
更新应收款/应收款收现	×	×	√	√
出售厂房	×	×	×	×
向其他企业购买成品/出售成品	×	×	×	×
按订单交货		×	√①	×
产品研发投资	−1M	−1M	−3M	−3M
支付行政管理费	−1M	−1M	−1M	−1M
其他现金收支情况登记	×	×	×	×
支付利息/更新长期贷款/申请长期贷款				−4M+80M②
支付设备维护费				−4M③
支付租金/购买厂房				×
计提折旧				(4M)④
新市场开拓/ISO资格认证投资				−5M
结账				√
现金收入合计	0M	0M	0M	100M
现金支出合计	−3M	−5M	−14M	29M
期末现金对账(请填余额)	24M	19M	5M	76M

说明：①1号订单在第三期交货。②年初有40M的长期贷款，按10%计算利息，利息为4M，年末又借入80M的长期贷款。③本年有4条生产线生产产品，故设备维护为4M。④按规则，当年的每条生产线均按1M计提折旧，故折旧费为4M。

5.填写商品核算统计表

交货时要填写、记录商品核算表，到年末统计出全年的商品销售，并填写商品核算统计表，如表4-38所示。

表4-38 商品核算统计表

	P1	P2	P3	P4	合计
数　量	7				7
销售额	36M				36M
成　本	14M				14M
毛　利	22M				22M

6.填写费用明细表

将全年的费用汇总，填写全年的费用明细表，如表4-39所示。

表4-39 费用明细表

项　目	金　额	备　注
管理费	4M	
广告费	14M	
保养费	4M	
租　金		
转产费		
市场准入开拓	3M	□区域　☑国内　☑亚洲　☑国际
ISO资格认证	2M	☑ISO 9000　☑ISO 14000
产品研发	8M	P2(√)　P3(√)　P4(　)
其　他		
合　计	35M	

7.编制利润表

根据本年发生的经济业务，编制当年的简易式利润表，如表4-40所示。

表4-40 简易式利润表 单位：百万元

项　目	上 年 数	本 年 数
销售收入		36
直接成本		14
毛利		22
综合费用		35
折旧前利润		−13
折旧		−4
支付利息前利润		−17
财务收入/支出		−4
其他收入/支出		
税前利润		−21
所得税		
净利润		−21

8.编制资产负债表

根据本年发生的经济业务，年末编制本年的简易式资产负债表，如表4-41所示。

表4-41　　　　　　　　　　　　　简易式资产负债表　　　　　　　　　　单位：百万元

资　产	期初数	期末数	负债和所有者权益	期初数	期末数
流动资产：			负债：		
现金		76	长期负债		120
应收款		36	短期负债		20
在制品		8	应付账款		
产成品		4	应交税费		0
原料			一年内到期的长期负债		
流动资产合计		124	负债合计		140
固定资产：			所有者权益：		
土地和建筑		40	股东资本		50
机器与设备		5	利润留存	14	16*
在建工程		16	年度净利	2	−21
固定资产合计		61	所有者权益合计		45
资产总计		185	负债和所有者权益总计		185

说明：*期末利润留存数16M为期初利润留存数14M加期初数年度净利数2M得来。

二、捷敏公司第二年经营情况

1.新年度规划会议

在新年度规划会议上，由于第一年取得市场领导者地位，所以在本地市场投入2M广告费，如表4-42所示。

表4-42　　　　　　　　　　　　　　广告费投入明细表

市场	本地			区域			国内			亚洲			合计
产品	P1	P2	P3	P1	P2	P3	P1	P2	P3	P1	P2	P3	
广告	1M	1M											2M
9K													
14K													

2.订货会议

营销总监参加订货会议，得到订单，内容如表4-43所示。

表 4-43   订单登记表

订单号	1	2								合计
市 场	本地	本地								
产 品	P1	P2								
数 量	6	2								
账 期	2Q	2Q								
销售额	29M	15M								44M
成 本	12M	6M								18M
毛 利	17M	9M								26M
未 售										

3.制订新年度计划

（1）一季度卖1条手工生产线，二季度卖1条手工生产线。

（2）二季度上1条全自动生产线，三季度上1条全自动生产线，拟生产P3。

（3）继续开发国内、亚洲和国际市场，进行 ISO 9000 和 ISO 14000 认证。

4.公司当年经营情况

捷敏公司第二年运营情况，如表4-44所示。

表 4-44   捷敏公司第二年运营表

内 容	一季度	二季度	三季度	四季度
新年度规划会议	√			
参加订货会/登记销售订单	−2M			
制订新年度计划	√			
支付应付税	×			
季初现金盘点(请填余额)	74M	99M	82M	63M
更新短期贷款/还本付息/申请短期贷款(高利贷)	×	×	×	−20M+20M
更新应付款/归还应付款	×	×	×	×
原材料入库/更新原料订单		−1M	−5M	−5M
下原料订单	√	√	√	√
更新生产/完工入库	√	√	√	√
投资新生产线/变卖生产线/生产线转产	−8M+1M	−12M+1M	−8M	−8M
向其他企业购买原材料/出售原材料	×	×	×	×
开始下一批生产		−1M	−3M	−3M

内　　容	一季度	二季度	三季度	四季度
更新应收款/应收款收现	36M			
出售厂房	×	×	×	×
向其他企业购买成品/出售成品	×	×	×	×
按订单交货			√①	√②
产品研发投资	−3M	−3M	−2M	−2M
支付行政管理费	−1M	−1M	−1M	−1M
其他现金收支情况登记	×	×	×	×
支付利息/更新长期贷款/申请长期贷款				−12M
支付设备维护费				−4M③
支付租金/购买厂房				
计提折旧				(2M)④
新市场开拓/ISO资格认证投资				−5M
结账				√
现金收入合计	37M	1M		20M
现金支出合计	−12M	−18M	−19M	−61M
期末现金对账(请填余额)	99M	82M	63M	22M

说明：①1号单在此期交货。②2号单在此期交货。③当年新建成投产的2条全自动生产线不计提折旧，但要发生设备维护费，目前企业有4条生产线生产，故设备维护费为4M。④1条手工生产线和1条半自动生产线各提1M折旧，故本年的折旧费为2M（至此手工生产线已提足折旧）。规则规定固定资产折旧提到0为止（这不符合实际会计制度的规定，教师可根据具体情况对规则进行改动）。

5. 填写商品核算统计表

交货时要填写、记录商品核算表，到年末统计出全年的商品销售，并填写商品核算统计表，如表4-45所示。

表4-45　　　　　　　　　　　　　　**商品核算统计表**

	P1	P2	P3	P4	合计
数　　量	6	2			8
销售额	29M	15M			44M
成　　本	12M	6M			18M
毛　　利	17M	9M			26M

6.填写费用明细表

将全年的费用汇总，填写全年的费用明细表，如表4-46所示。

表4-46 费用明细表

项　目	金　额	备　注
管理费	4M	
广告费	2M	
保养费	4M	
租　金		
转产费		
市场准入开拓	3M	□区域　☑国内　☑亚洲　☑国际
ISO资格认证	2M	☑ISO 9000　☑ISO 14000
产品研发	10M	P2(√)　P3(√)　P4(　)
其　他		
合　计	25M	

7.编制利润表

根据本年发生的经济业务，编制本年的简易式利润表，如表4-47所示。

表4-47 简易式利润表 单位：百万元

项　目	上 年 数	本 年 数
销售收入		44
直接成本		−18
毛利		26
综合费用		−25
折旧前利润		1
折旧		−2
支付利息前利润		−1
财务收入/支出		−13
其他收入/支出		
税前利润		−14
所得税		
净利润		−14

8.编制资产负债表

根据本年发生的经济业务，年末编制本年的简易式资产负债表，如表4-48所示。

表4-48　　　　　　　　　　　　　**简易式资产负债表**　　　　　　　　　　　单位：百万元

资　产	期初数	期末数	负债和所有者权益	期初数	期末数
流动资产：			负债：		
现金		22	长期负债		120
应收款		44	短期负债		20
在制品		10	应付账款		
产成品		2	应交税费		
原料		0	一年内到期的长期负债		
流动资产合计		78	负债合计		140
固定资产：			所有者权益：		
土地和建筑		40	股东资本		50
机器与设备		33	利润留存		-5
在建工程		20	年度净利		-14
固定资产合计		93	所有者权益合计		31
资产总计		171	负债和所有者权益总计		171

三、捷敏公司第三年经营情况

1.新年度规划会议

在新年度规划会议上，决定投入广告费12M，详见表4-49。

表4-49　　　　　　　　　　　　　　　**广告费投入明细表**

市场	本地			区域			国内			亚洲			合计
产品	P1	P2	P3	P1	P2	P3	P1	P2	P3	P1	P2	P3	
广告	1M	1M		5M	4M								11M
9K													
14K													

2.订货会议

营销总监参加订货会议，为本企业得到5张订单，内容如表4-50所示。

表4-50 订单登记表

订单号	1	2	3	4	5					合计
市 场	本地	本地	本地	本地	国内					
产 品	P1	P2	P3	P3	P2					
数 量	3	4	1	2	2					
账 期	2Q	2Q	2Q	3Q	2Q					
销售额	15M	30M	10M	17M	17M					89M
成 本	6M	12M	4M	8M	6M					36M
毛 利	9M	18M	6M	9M	11M					53M

3.编制资金预算表

资金预算表如表4-51所示。

表4-51 资金预算表

	1	2	3	4
期初库存现金	22M	44M	27M	18M
支付上年应交税				
市场广告投入	−12M			
贴现费用				
利息(短期贷款)	+20M			−1M+40M
支付到期短期贷款				−20M
原料采购支付现金	−4M	−9M	−10M	−11M
转产费用				
生产线投资	−8M	−4M		
工人工资	−2M	−5M	−4M	−5M
产品研发投资				
收到现金前的所有支出	−26M	−18M	−14M	−37M
应收款到期	+29M	15M	17M	15M
支付管理费用	−1M	−1M	−1M	−1M
利息(长期贷款)				
支付到期长期贷款				
设备维护费用				
租金				
购买新建筑				
市场开拓投资				
ISO认证投资				
其他				
库存现金余额	44M	27M	18M	14M

4.制订新年度计划

（1）第一季度卖掉大厂房。

（2）第一季度借入短期贷款20M，第四季度借入短期贷款。

（3）开拓亚洲市场和国际市场，投入资金2M。

5.公司当年经营情况

捷敏公司第三年经营情况，如表4-52所示。

表4-52　　　　　　　　　捷敏公司第三年运营表

内　容	一季度	二季度	三季度	四季度
新年度规划会议	√			
参加订货会/登记销售订单	-12M			
制订新年度计划	√			
支付应付税	×			
季初现金盘点(请填余额)	10M	44M	40M	42M
更新短期贷款/还本付息/申请短期贷款(高利贷)	20M	×	×	-21M+40M
更新应付款/归还应付款	×	×	×	×
原材料入库/更新原料订单	-4M	-9M	-10M	-11M
下原料订单	√	√	√	√
更新生产/完工入库	√	√	√	√
投资新生产线/变卖生产线/生产线转产	-8M	-4M	×	
向其他企业购买原材料/出售原材料	×	×		×
开始下一批生产	-2M	-5M	-4M	-5M
更新应收款/应收款收现	29M	15M	17M	15M
出售厂房	√	×	×	×
向其他企业购买成品/出售成品	×	×	×	×
按订单交货	√①	√②	√③	√④
产品研发投资			×	×
支付行政管理费	-1M	-1M	-1M	-1M
其他现金收支情况登记	×	×	×	×
支付利息/更新长期贷款/申请长期贷款				-12M
支付设备维护费				-6M⑤
支付租金/购买厂房				5M
计提折旧				(11M)⑥
新市场开拓/ISO资格认证投资				-2M
结账				√
现金收入合计	49M	15M	17M	55M
现金支出合计	-15M	-19M	-15M	-83M
期末现金对账(请填余额)	44M	40M	42M	14M

说明：①5号订单在此期交货。②1号订单在此期交货。③2、3号订单在此期交货。④4号订单在此期交货。⑤目前企业共有6条生产线（1条手工生产线、1条半自动生产线和4条全自动生产线），故需支付设备维护费为6M。⑥本年需提折旧的生产线为1条半自动生产线（净值1M）和2条全自动生产线（每条净值16M），全自动生产线每条应提折旧=16M×1/3=5M（取整数部分），故折旧费用合计为11M。

6.填写商品核算统计表

交货时要填写、记录商品核算表，到年末统计出全年的商品销售，并填写商品核算统计表，如表4-53所示。

表4-53　　　　　　　　　　　　　　商品核算统计表

	P1	P2	P3	P4	合 计
数　量	3	4	3		10
销售额	15M	47M	27M		89M
成　本	6M	18M	12M		36M
毛　利	9M	29M	15M		53M

7.填写费用明细表

将全年的费用汇总，填写全年的费用明细表，如表4-54所示。

表4-54　　　　　　　　　　　　　　费用明细表

项　目	金　额	备　注
管理费	4M	
广告费	12M	
保养费	6M	
租　金	5M	
转产费		
市场准入开拓	2M	□区域　□国内　☑亚洲　☑国际
ISO资格认证		□ISO 9000　□ISO 14000
产品研发		P2( )　P3( )　P4( )
其　他		
合　计	29M	

8.编制利润表

根据本年发生的经济业务，编制本年的简易式利润表，如表4-55所示。

表4-55　　　　　　　　　　　　　　简易式利润表　　　　　　　　　　　单位：百万元

项　目	上 年 数	本 年 数
销售收入		89
直接成本		36
毛利		53
综合费用		29
折旧前利润		24
折旧		11
支付利息前利润		13
财务收入/支出		13
其他收入/支出		
税前利润		0
所得税		
净利润		0

9.编制资产负债表

根据本年发生的经济业务，年末编制本年的简易式资产负债表，如表4-56所示。

表4-56　　　　　　　　　　　　简易式资产负债表　　　　　　　　　　单位：百万元

资　产	期初数	期末数	负债和所有者权益	期初数	期末数
流动资产：			负债：		
现金		14	长期负债		100
应收款		97	短期负债		60
在制品		18	应付账款		
产成品		8	应交税费		
原料			一年内到期的长期负债		
流动资产合计		137	负债合计		160
固定资产：			所有者权益：		
土地和建筑		0	股东资本		50
机器与设备		54	利润留存		-19
在建工程			年度净利		0
固定资产合计		54	所有者权益合计		31
资产总计		191	负债和所有者权益总计		191

四、捷敏公司第四年经营情况

1.新年度规划会议

在新年度规划会议上，CEO决定广告费投入本地市场和区域市场，共18M，如表4-57所示。

表4-57　　　　　　　　　　　　广告费投入明细表

市场	本地			区域			国内			亚洲			合计
产品	P1	P2	P3	P1	P2	P3	P1	P2	P3	P1	P2	P3	
广告	1M	3M	1M					4M	3M	1M		3M	
9K		1M									1M		18M
14K													

2.订货会议

营销总监参加订货会议，得到订单，内容如表4-58所示。

表4-58 订单登记表

订单号	1	2	3	4	5	6	7	8		合计
市 场	本地	本地	本地	本地	国内	国内	亚洲	亚洲		
产 品	P1	P2	P2	P3	P2	P3	P1	P3		
数 量	3	5	2	2	3	2	1	4		
账 期	3Q	3Q	3Q	2Q	2Q	1Q	1Q	3Q		
销售额	14M	41M	19M	20M	24M	17M	5M	35M		175M
成 本	6M	15M	6M	8M	9M	8M	2M	16M		70M
毛 利	8M	26M	13M	12M	15M	9M	3M	19M		105M
未 售										

3.制订新年度计划

（1）第一季度初借高利贷20M，贴现7M，取得现金6M，付贴息1M。

（2）第一季度还短期贷款加利息共21M，又借入短期贷款20M。

（3）第二季度上全自动生产线4条，1条拟生产P1，其余3条拟生产P3。

（4）第四季度还短期贷款加利息共42M，又借入短期贷款40M。

4.公司当年经营情况

捷敏公司第四年运营情况，如表4-59所示。

表4-59 捷敏公司第四年运营表

内 容	一季度	二季度	三季度	四季度
新年度规划会议	20M+7M-1M			
参加订货会/登记销售订单	-18M			
制订新年度计划	√			
支付应付税	×			
季初现金盘点(请填余额)	22M	84M	56M	79M
更新短期贷款/还本付息/申请短期贷款(高利贷)	-21M+20M		√	-42M+40M
更新应付款/归还应付款	×	×	×	×
原材料入库/更新原料订单	-11M	-11M	-10M	-12M
下原料订单	√	√	√	√
更新生产/完工入库	√	√	√	√
投资新生产线/变卖生产线/生产线转产	×	-16M	-16M	-16M
向其他企业购买原材料/出售原材料	×	×	×	×

内 容	一季度	二季度	三季度	四季度
开始下一批生产	−5M	−5M	−4M	−6M
更新应收款/应收款收现	80M	5M	54M	17M
出售厂房	×	×	×	×
向其他企业购买成品/出售成品	×	×	×	×
按订单交货	√①	√②	×	√③
产品研发投资	×	×	×	×
支付行政管理费	−1M	−1M	−1M	−1M
其他现金收支情况登记	×	×	×	×
支付利息/更新长期贷款/申请长期贷款				−10
支付设备维护费				−20M
支付租金/购买厂房				−8M
计提折旧				(16M)④
新市场开拓/ISO资格认证投资				−3M
结账				√
现金收入合计	100M	5M	54M	57M
现金支出合计	−38M	−33M	−31M	−124M
期末现金对账(请填余额)	84M	56M	79M	12M

说明：①4、5、7号订单在此期交货。②3、6号订单在此期交货。③1、2、8号订单在此期交货。④本年应提折旧的生产线为4条全自动生产线，其中2条每条净值为11M，每条应提折旧=11M×1/3=3M（取整数部分），另2条每条净值为16M，每条应提折旧=16M×1/3=5M（取整数部分），故本年折旧费用合计为2×3M+2×5M=16M。

5.填写商品核算统计表

交货时要填写、记录商品核算表，到年末统计出全年的商品销售，并填写商品核算统计表，如表4-60所示。

表4-60 　　　　　　　　　　　　商品核算统计表

	P1	P2	P3	P4	合计
数 量	4	10	8		22
销售额	19M	84M	72M		175M
成 本	8M	30M	32M		70M
毛 利	11M	54M	40M		105M

6.填写费用明细表

将全年的费用汇总，填写全年的费用明细表，如表4-61所示。

表4-61   费用明细表

项　目	金　额	备　注
管理费	4M	
广告费	18M	
保养费	6M	
租　金	8M	
转产费		
市场准入开拓	2M	☑区域　□国内　□亚洲　☑国际
ISO 资格认证	1M	□ISO 9000　☑ISO 14000
产品研发		P2(　)　P3(　)　P4(　)
其　他		
合　计	39M	

7.编制利润表

根据本年发生的经济业务，编制本年的简易式利润表，如表4-62所示。

表4-62   简易式利润表   单位：百万元

项　目	上年数	本年数
销售收入		175
直接成本		70
毛利		105
综合费用		−39
折旧前利润		66
折旧		−16
支付利息前利润		50
财务收入/支出		−14
其他收入/支出		
税前利润		36
所得税		
净利润		36

说明：当年取得的利润可弥补前三年度亏损，剩余部分才需计算税金。经计算得应纳税资金为1M，税金应为0M（1M×1/3=1/3M（取整数部分后为0））。

8.编制资产负债表

根据本年发生的经济业务，年末编制本年的简易式资产负债表，如表4-63所示。

表4-63   **简易式资产负债表**   单位：百万元

资　　产	期初数	期末数	负债和所有者权益	期初数	期末数
流动资产：			负债：		
现金		12	长期负债		80
应收款		109	短期负债		80
在制品		18	应付账款		
产成品		2	应交税费		
原料			一年内到期的长期负债		
流动资产合计		141	负债合计		160
固定资产：			所有者权益：		
土地和建筑		0	股东资本		50
机器与设备		38	利润留存		-19
在建工程		48	年度净利		36
固定资产合计		86	所有者权益合计		67
资产总计		227	负债和所有者权益总计		227

五、捷敏公司第五年经营情况

1.新年度规划会议

在新年度规划会议上，CEO决定广告费投入共21M，详情如表4-64所示。

表4-64   **广告费投入明细表**

市场	本地			区域			国内			亚洲	国际		合计
产品	P1	P2	P3	P1	P2	P3	P1	P2	P3	P3	P1	P2	
广告		1M	1M			2M			2M	4M	3M	4M	21M
9K		1M			1M			1M				1M	
14K													

2.订货会议

营销总监参加订货会议，得到订单，内容如表4-65所示。

表4-65 订单登记表

订单号	1	2	3	4	5	6	7	8	9	合计
市　场	本地	本地	区域	国内	亚洲	国际	国际	国际	国际	
产　品	P2	P3	P3	P3	P3	P1	P1	P2	P2	
数　量	4	3	3	2	4	4	2	3	1	
账　期	3Q	4Q	1Q	2Q	3Q	2Q	2Q	2Q	1Q	
销售额	32M	25M	27M	16M	35M	23M	13M	20M	7M	198M
成　本	12M	12M	12M	8M	16M	8M	4M	9M	3M	84M
毛　利	20M	13M	15M	8M	19M	15M	9M	11M	4M	114M
未　售										

说明：竞单后取得国际市场领导者地位。

3.制订新年度计划

（1）年初贴现70M救急。

（2）第一季度还高利贷及利息24M，短贷及利息21M，借入短贷40M。

（3）第二季度新建成4条全自动生产线投入使用。

4.公司当年经营情况

捷敏公司第五年运营情况，如表4-66所示。

表4-66 捷敏公司第五年运营表

内　　容	一季度	二季度	三季度	四季度
新年度规划会议	70M −10M			
参加订货会/登记销售订单	−21M			
制订新年度计划	√			
支付应付税				
季初现金盘点(请填余额)	51M	34M	10M	55M
更新短期贷款/还本付息/申请短期贷款(高利贷)	−45M+40M		40M	−42M+20M
更新应付款/归还应付款	×	×	×	×
原材料入库/更新原料订单	−10M	−21M	−21M	−21M
下原料订单	√	√	√	√
更新生产/完工入库	√	√	√	√
投资新生产线/变卖生产线/生产线转产	−16M	×	×	×
向其他企业购买原材料/出售原材料	×	×	×	×

内　容	一季度	二季度	三季度	四季度
开始下一批生产	−9M	−9M	−9M	−9M
更新应收款/应收款收现	19M	7M	36M	33M
出售厂房	×	×	×	×
向其他企业购买成品/出售成品	×	×	×	×
按订单交货	√①	√②	√③	√④
产品研发投资	×	×	×	×
支付行政管理费	−1M	−1M	−1M	−1M
其他现金收支情况登记	×	×	×	×
支付利息/更新长期贷款/申请长期贷款				−8M+20M
支付设备维护费				−10M
支付租金/购买厂房				−8M
计提折旧				(10M)⑤
新市场开拓/ISO资格认证投资				×
结账				√
现金收入合计	59M	7M	76M	113M
现金支出合计	−76M	−31M	−31M	−99M
期末现金对账(请填余额)	34M	10M	55M	69M

说明：①4、9号订单在此期交货。②7、8号订单在此期交货。③3、5号订单在此期交货。④1、2、6号订单在此期交货。⑤本年应提折旧的生产线为4条全自动生产线，其中2条每条净值为11M，每条应提折旧=11M×1/3=3M（取整数部分），另2条每条净值为8M，每条应提折旧=8M×1/3=2M（取整数部分），故本年折旧费用合计为2×3M+2×2M=10M。

5.填写商品核算统计表

交货时要填写、记录商品核算表，到年末统计出全年的商品销售，并填写商品核算统计表，如表4-67所示。

表4-67　　　　　　　　　　商品核算统计表

	P1	P2	P3	P4	合计
数　量	6	8	12		26
销售额	36M	59M	103M		198M
成　本	12M	24M	48M		84M
毛　利	24M	35M	55M		114M

6.填写费用明细表

将全年的费用汇总，填写全年的费用明细表，如表4-68所示。

表4-68   费用明细表

项 目	金 额	备 注
管理费	4M	
广告费	21M	
保养费	10M	
租 金	8M	
转产费		
市场准入开拓		□区域　□国内　□亚洲　□国际
ISO资格认证		□ISO 9000　□ISO 14000
产品研发		P2(　)　P3(　)　P4(　)
其 他		
合 计	43M	

7.编制利润表

根据本年发生的经济业务，编制当年的简易式利润表，如表4-69所示。

表4-69   简易式利润表   单位：百万元

项 目	上 年 数	本 年 数
销售收入		198
直接成本		-84
毛利		114
综合费用		-43
折旧前利润		71
折旧		-10
支付利息前利润		61
财务收入/支出		-25
其他收入/支出		
税前利润		36
所得税		12
净利润		24

8.编制资产负债表

根据本年发生的经济业务，年末编制当年的简易式资产负债表，如表4-70所示。

表4-70 　　　　　　　　　　　　简易式资产负债表 　　　　　　　　　　单位：百万元

资　产	期初数	期末数	负债和所有者权益	期初数	期末数
流动资产：			负债：		
现金		69	长期负债		120
应收款		142	短期负债		120
在制品		32	应付账款		
产成品		8	应交税费		12
原料			一年内到期的长期负债		
流动资产合计		251	负债合计		252
固定资产：			所有者权益：		
土地和建筑			股东资本		50
机器与设备		92	利润留存		17
在建工程			年度净利		24
固定资产合计		92	所有者权益合计		91
资产总计		343	负债和所有者权益总计		343

六、捷敏公司第六年经营情况

1.新年度规划会议

在新年度规划会议上，CEO决定广告费投入共34M，详情如表4-71所示。

表4-71 　　　　　　　　　　　　广告费投入明细表

市场	本地		区域	国内	亚洲	国际			合计
产品	P2	P3	P3	P3	P3	P1	P2	P3	
广告	1M	3M	5M	5M	5M	3M	3M	1M	34M
9K	1M		1M	1M	1M	1M			
14K	1M			1M		1M			

2.订货会议

营销总监参加订货会议，得到订单，内容如表4-72所示。

表4-72　　　　　　　　　　　　订单登记表

订单号	1	2	3	4	5	6	7	8	9	10	11	合计
市　场	本地	本地	本地	区域	国内	亚洲	国际	国际	国际	国际	国际	
产　品	P2	P3	P3	P3	P3	P3	P1	P1	P2	P2	P3	
数　量	3	5	3	4	3	3	2	5	4	1	2	
账　期	2Q	2Q	3Q	2Q	3Q	3Q	2Q	3Q	3Q	2Q	3Q	
销售额	20M	45M	30M	36M	28M	29M	13M	29M	27M	8M	17M	282M
成　本	9M	20M	12M	16M	12M	12M	4M	10M	12M	3M	8M	118M
毛　利	11M	25M	18M	20M	16M	17M	9M	19M	15M	5M	9M	164M
未　售												

3.制订新年度计划

（1）年初贴现28M救急。

（2）年末购入大、小厂房。

4.公司当年经营情况

捷敏公司第六年运营情况，如表4-73所示。

表4-73　　　　　　　　　　捷敏公司第六年运营表

内　容	一季度	二季度	三季度	四季度
新年度规划会议	28M -4M			
参加订货会/登记销售订单	-34M			
制订新年度计划	√			
支付应付税	-12M			
季初现金盘点（请填余额）	47M	43M	68M	90M
更新短期贷款/还本付息/申请短期贷款（高利贷）	-42M+40M		-42M+20M	-42M+100M
更新应付款/归还应付款	×	×	×	×
原材料入库/更新原料订单	-20M	-22M	-20M	-21M
下原料订单	√	√	√	√
更新生产/完工入库	√	√	√	√
投资新生产线/变卖生产线/生产线转产			×	×
向其他企业购买原材料/出售原材料	×	×	×	×
开始下一批生产	-8M	-10M	-8M	-9M
更新应收款/应收款收现	27M	58M	73M	108M

内 容	一季度	二季度	三季度	四季度
出售厂房	×	×	×	×
向其他企业购买成品/出售成品	×	×	×	×
按订单交货	√①	√②	√③	√④
产品研发投资	×	×	×	×
支付行政管理费	−1M	−1M	−1M	−1M
其他现金收支情况登记	×	×	×	×
支付利息/更新长期贷款/申请长期贷款				−92M
支付设备维护费				−10M
支付租金/购买厂房				−70M
计提折旧				(28M)⑤
新市场开拓/ISO资格认证投资				×
结账				√
现金收入合计	67M	58M	93M	208M
现金支出合计	−71M	−33M	−71M	−245M
期末现金对账（请填余额）	43M	68M	90M	53M

说明：①3、4、9号订单在此期交货。②1、2、7号订单在此期交货。③11号订单在此期交货。④8、5、10号订单在此期交货。⑤本年应提折旧的生产线为8条全自动生产线，其中4条每条净值为16M，每条应提折旧=16M×1/3=5M（取整数部分）；2条每条净值为8M，每条应提折旧=8M×1/3=2M（取整数部分）；2条每条净值为6M，每条应提折旧=6M×1/3=2M（取整数部分），故本年折旧费用合计为4×5M+2×2M+2×2M=28M。

5.填写商品核算统计表

交货时要填写、记录商品核算表，到年末统计出全年的商品销售，并填写商品核算统计表，如表4-74所示。

表4-74 商品核算统计表

	P1	P2	P3	P4	合计
数 量	7	8	20		35
销售额	42M	55M	185M		282M
成 本	14M	24M	80M		118M
毛 利	28M	31M	105M		164M

6.填写费用明细表

填写费用明细表，如表4-75所示。

表4-75 费用明细表

项 目	金 额	备 注
管理费	4M	
广告费	34M	
保养费	10M	
租 金		
转产费		
市场准入开拓		□区域 □国内 □亚洲 □国际
ISO资格认证		□ISO 9000 □ISO 14000
产品研发		P2( ) P3( ) P4( )
其 他		
合 计	48M	

7.编制利润表

根据本年发生的经济业务，编制当年的简易式利润表，如表4-76所示。

表4-76 简易式利润表 单位：百万元

项 目	上 年 数	本 年 数
销售收入		282
直接成本		−118
毛利		164
综合费用		−48
折旧前利润		116
折旧		−28
支付利息前利润		88
财务收入/支出		−22
其他收入/支出		
税前利润		66
所得税		22
净利润		44

8.编制资产负债表

根据本年发生的经济业务，年末编制当年的简易式资产负债表，如表4-77所示。

表4-77　　　　　　　　　　　**简易式资产负债表**　　　　　　　　　单位：百万元

资　产	期初数	期末数	负债和所有者权益	期初数	期末数
流动资产：			负债：		
现金		53	长期负债		40
应收款		130	短期负债		160
在制品		32	应付账款		
产成品		8	应交税费		22
原料			一年内到期的长期负债		
流动资产合计		223	负债合计		222
固定资产：			所有者权益：		
土地和建筑		70	股东资本		50
机器与设备		64	利润留存		41
在建工程			年度净利		44
固定资产合计		134	所有者权益合计		135
资产总计		357	负债和所有者权益总计		357

决策评析：

资金摆布合理，筹资没有遇到太大的困难。广告费使用恰到好处。初期果断卖掉原有效率低的设备，中期有计划地卖掉大厂房，生产线上的决策有气魄。权益高达135M，成绩斐然，夺冠当之无愧。

第五章

近年大赛案例

近年的大赛主要是将电子沙盘（《商战》）和实物沙盘结合起来进行，以电子沙盘为主，仍然用实物沙盘的框架，所以实物沙盘仍是训练的基础。每年大赛时的规则大体相同，只不过有一些细小的变化，并且这些变化都是在比赛前或比赛时公布，以考验各队的应变能力。有时设市场领导者，有时不设。本章拟先对近年大赛规则出现的变化加以总结和分析，再介绍二个实战案例，看参赛队员们是如何做出选择的。大赛规则和市场预测表等请参见书后附录2。

● 第一节　近年大赛新变化和市场需求分析

近年来用友为了配合推销电子沙盘《商战》，在大赛的规则上和订单上做了一些调整，最主要的就是增加了复合产品和订单竞拍，下面将进行逐一分析。

一、大赛规则的新变化

新变化如下：

1.有了复合产品。即P1或P2可以作为原料做成新产品，如P4和P5。根据P4和P5的BOM：（P4：P1+R1+R3）和（P5：P2+R2+R4）可知P4和P5是复合产品，一个产品需要二倍机时，若与P2和P3产品比较时，可考虑加倍，变成同机时后加以比较较为合理。实际比赛时，有很多队对P4和P5了解不多，所以研发少，竞争往往不那么激烈。

2.以分数高低排名。比赛时不仅要考虑到权益的因素，更重要的是要考虑计分的因素。如超级手工线和租入的全自动线不计分，最后第六年可考虑卖掉换成能计分的生产线，如有可能开始就多上能计分的生产线。

3.使用商战软件比赛，参赛队伍增加，有时有三十多个队同时在一个组比赛，所以竞争增强。

4.增加拍单环节，增加了比赛的复杂度。要注意对对手的压制，以防有的队利用拍单后来居上。

5.厂房的最大数量增加为4个，生产线的最大数量可达16个。

6.增加租赁自动生产线，优点是购入后不用安装，可立即使用，维护费在期末才发生；缺点是维护费高，且最后不计分。由于其生产效率高，各队往往是用时购入，第六年之前卖掉。尤其是临时抢到大订单时，可当期购入，生产完产品时，就算当期处理也有利可图。

7.增加超级手工线，可以看做是以前的手工线和半自动线的结合。由于其效率低，用的人少，但也有价格低、没有转产费的优点。在开始几年由于市场少、经费少，可考虑用之，过几年后再卖掉。最后亦不计分。

8.还有一些细小变化，如计量单位变成万元（但数据比例关系总体上没变），长贷放在年初，增加间谍功能并有相应的信息费等。

二、市场需求分析

一定要对市场需求量和价格加以详细的研究，从而制定出切实可行的方案。以下的分析所用资料请参看表5-1和表5-2。

表5-1　　　　　　　　　　　　　　**需求量表**　　　　　　　　　　单位：个

年份	市场	P1需求量	P2需求量	P3需求量	P4需求量	P5需求量
第二年	本地	114	80	0	49	38
	区域	78	76	63	47	39
第三年	本地	99	81	51	0	42
	区域	73	77	53	45	0
	国内	87	68	0	48	43
第四年	本地	90	81	55	49	0
	区域	72	0	58	44	40
	国内	91	74	0	61	0
	亚洲	0	0	40	0	51
第五年	本地	83	75	0	52	39
	区域	0	73	56	49	0
	国内	85	62	0	0	42
	亚洲	0	64	62	45	41
	国际	52	0	48	0	38
第六年	本地	72	69	55	0	35
	区域	63	0	59	51	0
	国内	0	71	0	56	0
	亚洲	0	0	64	0	45
	国际	59	72	0	42	34

表 5-2 均价表 单位：万元

年份	市场	P1均价	P2均价	P3均价	P4均价	P5均价
第二年	本地	50.64	69.46	0	129.12	146.45
	区域	50.41	69.61	90.65	128.94	143.92
第三年	本地	50.59	70.63	87.73	0	141.62
	区域	50.19	70.27	85.6	121.91	0
	国内	50.09	69.04	0	120.54	140.84
第四年	本地	50.57	69.25	82.22	134.06	0
	区域	49.55	0	83.41	127.52	137.28
	国内	48.36	68.59	0	119.82	0
	亚洲	0	0	89.5	0	147.35
第五年	本地	45.48	69.31	0	121.56	149.64
	区域	0	68.84	81.16	121.86	0
	国内	45.32	69.37	0	0	150.88
	亚洲	0	70.55	81.85	130	145.56
	国际	56.15	0	91.04	0	156.79
第六年	本地	46.9	70.09	87.04	0	156.54
	区域	50.62	0	86.49	128.71	0
	国内	0	71.28	0	129.38	0
	亚洲	0	0	92.13	0	158.02
	国际	57.32	75.22	0	134.02	161.26

P1产品在国内的几个市场价格逐渐走低，从第二年进入衰退期，第五年和第六年在国际市场上重新热销。鉴于此，可以采取如下策略：可在第二年先在两个市场尤其是在需求量较大的本地市场卖一些，以后可用之生产P4，因为P4价格尚可，待第六年在国际市场价高时再卖。

P2产品的需求量比P3高一些，价格也可以，可直接出售，亦可做成P5销售，灵活性大。鉴于其有众多好处，容易引来竞争者。

P3产品价格好，但需求量略少，且每年都有至少一个市场无需求。以它为主打产品拿单会吃力一些，且不能做成复合产品出售。但有人预测过几年会有新规定用P3生产P6。

P4和P5要以一当二，需求量也不少。在需求量上P4比P5多一些，在价格上，考虑成本因素后P5仍高，价格的发展趋势也有区别，P4一直持平，最后一年在国际市场稍扬，P5价格则一路走高。

根据以上分析再加上拍单的信息，就可以考虑自己的产品组合和产能贷款方案了。

● 第二节 U15队战例

此战例取自一场比赛，当时有37个队参加，大家都把目光集中在P2和P3上，取得一张相应订单平均需要50W的资金。比赛之激烈、拼抢之残酷可见一斑。U15队处乱不惊，独辟蹊径，采用倒短贷、四台柔性生产线外加几台超级手工线、主打P4的策略开局，以最小的代价换取最大利益，精打细算，逐步扩张，最后名列前茅。此案例读来有一种任凭风浪起，稳坐钓鱼船的感觉，耐人寻味。

一、第一年

第一年购入一个大厂房和四台柔性生产线，借入短贷796W，研发P4与P1。

总的策略是减少不必要的动作，不使权益降得太低，以便于下一年再多借入一些贷款。另外，短贷借入尾数为9的数额，因为四舍五入的关系，可以减少1W的利息。

1.运营表

第一年运营表详见表5-3。

表5-3 第一年运营表 单位：万元

	手工操作流程	手工记录			
年初	年初现金余额	600			
	广告投放				
	支付应付税(25%)				
	支付长贷利息				
	更新长期贷款/长期贷款还款				
	申请长期贷款				
1	季初盘点(请填余额)	600	328	276	254
2	更新短期贷款/短期贷款还本付息				
3	申请短期贷款	369	169	209	49
4	原材料入库/更新原料订单				
5	下原料订单				
6	购买/租用厂房	-420			
7	更新生产/完工入库				
8	新建/在建/转产/变卖生产线	-200	-200	-200	-200
9	紧急采购(随时进行)				
10	开始下一批生产				
11	更新应收款/应收款收现				

续表

	手工操作流程				手工记录			
12	按订单交货							
13	产品研发投资			−21	−21	−11	−11
14	厂房出售(买转租)/退租/租转买							
15	新市场开拓/ISO资格投资						−60
16	支付管理费/更新厂房租金			−10	−10	−10	−10
17	出售库存							
18	厂房贴现							
19	应收款贴现							
20	季末收入合计							
21	季末支出合计							
22	季末数额对账[(1)+(20)−(21)]			328	276	254	12
年末	缴纳违约订单罚款(25%)							
	支付设备维护费							
	计提折旧						( )
	新市场/ISO资格认证投资							
	结账						12

2.填写费用明细表

将全年的费用汇总，填写全年的费用明细表，如表5-4所示。

表5-4   费用明细表   单位：万元

项 目	金 额（M）	备 注
管理费	40	
广告费		
保养费		
租 金		
转产费		
市场准入开拓	40	☑本地 ☑区域 ☑国内 ☑亚洲 □国际
ISO资格认证	20	☑ISO 9000 ☑ISO 14000
产品研发	64	P1（√） P2（ ） P3（ ） P4（√） P5（ ）
其 他		
合 计	164	

3.编制利润表

根据本年发生的经济业务，编制本年的简易式利润表，如表5-5所示。

表5-5 简易式利润表 单位：万元

项 目	上年数	本年数
销售收入		
直接成本		
毛利		
综合费用		-164
折旧前利润		-164
折旧		
支付利息前利润		-164
利息		
贴现费用		
财务收入/支出		
其他收入/支出		
税前利润		-164
所得税		
净利润		-164

4.编制资产负债表

根据本年发生的经济业务，年末编制本年的简易式资产负债表，如表5-6所示。

表5-6 简易式资产负债表 单位：万元

资 产	期初数	期末数	负债和所有者权益	期初数	期末数
流动资产：			负债：		
现金		12	长期负债		
应收款			短期负债		796
在制品			应付账款		
产成品			应交税金		
原料			一年内到期的长期负债		
流动资产合计		12	负债合计		
固定资产：			所有者权益：		
土地和建筑		420	股东资本		600
机器与设备			利润留存		
在建工程		800	年度净利		-164
固定资产合计		1 200	所有者权益合计		436
资产总计		1 232	负债和所有者权益总计		1 232

二、第二年

第二年卖掉大厂房。并立即全部贴现。

第一年买入大厂房的目的是为了保第二年的权益，使之不能太低，以便能借入足够的贷款。如果不买厂房就得租入，租金会使权益降低。第二年已达保权目的，就可将其卖出，换取更多的资金用于生产。这时租入厂房虽然会使权益降低，但本年因为有产品可卖，就会有利润弥补权益的损失，起码不会降得太低，这样可以保证借到与上一年等量的短贷还债，这正是倒短贷的精髓所在。

超级手工线由于效率低下，用的人少，但也有价格低，不用转产费的优点。在开始几年由于市场少、经费少，可考虑用之，过几年后再卖掉。

由于广告和维修费数额具大，导致第一季和第四季两头发生额较多，所以借入贷款时不一定四季均等。三、四季度由于大部分订单已交割，会产生大量应收账款，可用应收账款贴现解决巨大的资金需求，所以借款往往是递减的。

1.新年度规划

增租一个大厂房。新购入四条超级手工线，都用来生产P1，研发P3、P4。广告费投入共78W，目标明确，只投P4。详见表5-7。

表5-7 　　　　　　　　　　　广告费投入明细表　　　　　　　　　　单位：万元

市场	本地					区域					合计
产品	P1	P2	P3	P4	P5	P1	P2	P3	P4	P5	78
广告				64					14		

2.订货会议

营销总监参加订货会议，为本企业得到订单，见表5-8。

表5-8 　　　　　　　　　　　　　订单登记表　　　　　　　　　　　单位：万元

订单号	1	2	3	合计
市　场	本地	本地	区域	
产　品	P4	P4	P4	
数　量	2	4	2	
账　期(Q)	3	1	2	
销售额(M)	268	505	257	
成　本				
毛　利				
未　售				

3.制订新年度计划

按原计划维持生产，暂不扩张。

4.公司当年经营情况

公司第二年经营情况，见表5-9。

表5-9　　　　　　　　　　　　　　第二年运营表　　　　　　　　　　　　　单位：万元

	手工操作流程	手工记录			
年初	年初现金余额	12			
	广告投放	−78			
	支付应付税（25%）				
	支付长贷利息				
	更新长期贷款/长期贷款还款				
	申请长期贷款	272			
1	季初盘点（请填余额）	230	190	252	88
2	更新短期贷款/短期贷款还本付息	−369−18	−177	−219	−51
3	申请短期贷款	409	369	209	49
4	原材料入库/更新原料订单	−80	−80	−120	−40
5	下原料订单				
6	购买/租用厂房	−42			
7	更新生产/完工入库				
8	新建/在建/转产/变卖生产线	−140			
9	紧急采购（随时进行）				
10	开始下一批生产	−40−40	−40	−80	−40
11	更新应收款/应收款收现				257
12	按订单交货				
13	产品研发投资	−11			−10
14	厂房出售（买转租）/退租/租转买				
15	新市场开拓/ISO资格投资				−30−20
16	支付管理费	−10−42	−10	−10	−10
17	出售库存				
18	厂房贴现	325			
19	应收款贴现		56		
20	季末收入合计				
21	季末支出合计				
22	季末数额对账[（1）＋（20）−（21）]	190	252	88	193
年末	缴纳违约订单罚款(25%)				
	支付设备维护费				100
	计提折旧				
	新市场/ISO资格认证投资				
	结账				93

5.填写商品核算统计表

交货时要填写、记录商品核算表，到年末统计出全年的商品销售，并填写商品核算统计表，见表5-10。

表5-10 商品核算统计表 单位：万元

	P1	P2	P3	P4	P5	合计
数 量				8		8
销售额（M）				1 030		1 030
成 本（M）				400		400
毛 利（M）				630		630

6.填写费用明细表

将全年的费用汇总，填写全年的费用明细表，见表5-11。

表5-11 费用明细表 单位：万元

项 目	金额（M）	备 注
管理费	40	
广告费	78	
维护费	100	
租 金	84	
转产费		
市场准入开拓	30	□区域 ☑国内 □亚洲 ☑国际
产品研发费	21	P3（√） P4（√） P5（ ）
ISO资格认证	20	☑ISO 9000 ☑ISO 14000
其 他		
合 计	373	

7.编制利润表

根据本年发生的经济业务，编制本年的简易式利润表，见表5-12。

8.编制资产负债表

根据本年发生的经济业务，年末编制本年的简易式资产负债表，见表5-13。

三、第三年

第三年权益有所提高，可以多借一些贷款，用来扩大产能。广告只投向区域和国内市场。国内市场是新开市场，没有市场领导者，产出比会高一些。总之，还是坚持"沧海虽大，我只取一瓢饮"的原则。

1.新年度规划

广告投放详情见表5-14。

表 5-12 　　　　　　　　　　　　　　**简易式利润表** 　　　　　　　　　　　　单位：万元

项　目	上年数	本年数
销售收入		1 030
直接成本		400
毛利		630
综合费用		373
折旧前利润		257
折旧		0
支付利息前利润		257
财务费用		99
其他收入/支出		
税前利润		158
所得税		0
年度净利润		158

表 5-13 　　　　　　　　　　　　　　**简易式资产负债表** 　　　　　　　　　　　单位：万元

资　产	期初数	期末数	负债和所有者权益	期初数	期末数
流动资产：			负债：		
现金		93	长期负债		272
应收款		709	短期负债		1 036
在制品		240	应付账款		
产成品		160	应交税金		
原料			一年内到期的长期负债		
流动资产合计		962	负债合计		1 308
固定资产：			所有者权益：		
土地和建筑			股东资本		600
机器与设备		940	利润留存		−164
在建工程			年度净利		158
固定资产合计		940	所有者权益合计		594
资产总计		1 902	负债和所有者权益总计		1 902

表5-14 广告费投入明细表 单位：万元

市场	本地			区域			国内			亚洲	国际	合计
产品	P1	P2	P5	P2	P4	P5	P2	P4	P5			108M
广告					37			71				

2.订货会议

参加订货会议，为本企业得到如下订单，见表5-15。

表5-15 订单登记表 单位：万元

订单号	1	2	3	4	5	6	7	8	合计
市　场	本地	本地	区域	区域	区域	区域	国内	国内	
产　品	P2	P5	P4	P4	P5	P5	P4	P5	
数　量			4	4			4		
账　期（Q）			2	2			3		
销售额（M）			500	480			489		
成　本									
毛　利									
未　售									

3.制订新年度计划

资金不多，只是维持现状，积蓄力量，为下一年的扩张做准备。

4.公司当年经营情况

第三年运营表见表5-16。

表5-16 第三年运营表 单位：万元

	手工操作流程	手工记录			
年初	年初现金余额	93			
	广告投放	−108			
	支付应付税（25%）				
	支付长贷利息	−27			
	更新长期贷款/长期贷款还款				
	申请长期贷款	432			
1	季初盘点（请填余额）	342	586	592	372
2	更新短期贷款/短期贷款还本付息	−429	−387	−219	−51
3	申请短期贷款	369	369	209	129
4	原材料入库/更新原料订单	−120	−80	−120	−40

续表

	手工操作流程	手工记录			
5	下原料订单				
6	购买/租用厂房				
7	更新生产/完工入库				
8	新建/在建/转产/变卖生产线				
9	紧急采购（随时进行）				
10	开始下一批生产	−80	−40	−80	−40
11	更新应收款/应收款收现	505	154		500
12	按订单交货				
13	产品研发投资	−10			
14	厂房出售（买转租）/退租/租转买				
15	新市场开拓/ISO资格投资				20
16	支付管理费/更新厂房租金	−94	−10	−10	−10
17	出售库存				
18	厂房贴现				
19	应收款贴现	45			
20	季末收入合计				
21	季末支出合计				
22	季末数额对账[（1）+（20）−（21）]	586	592	372	830
年末	缴纳违约订单罚款（25%）				
	支付设备维护费				100
	计提折旧				
	新市场/ISO资格认证投资				
	结账				730

5.填写商品核算统计表

交货时要填写、记录商品核算表，到年末统计出全年的商品销售，并填写商品核算统计表，见表5-17。

6.填写费用明细表

将全年的费用汇总，填写全年的费用明细表，见表5-18。

表5-17 商品核算统计表 单位：万元

	P1	P2	P3	P4	P5	合计
数　量				12		12
销售额（M）				1 469		1 469
成　本（M）				600		600
毛　利（M）				869		869

表5-18 费用明细表 单位：万元

项　目	金额（M）	备　注
管理费	40	
广告费	108	
维护费	100	
租　金	84	
转产费	0	
市场准入开拓	20	□区域　☑国内　☑亚洲　□国际
产品研发费	0	P3（　　）　P4（　　）
ISO资格认证	10	□ISO 9000　☑ISO 14000
其　他	0	
合　计	362	

7.编制利润表

根据本年发生的经济业务，编制本年的利润表，见表5-19。

表5-19 简易式利润表 单位：万元

项　目	上年数	本年数
销售收入		1 469
直接成本		600
毛利		869
综合费用		362
折旧前利润		507
折旧		200
支付利息前利润		307
财务费用		82
其他收入/支出		
税前利润		225
所得税		55
净利润		170

8.编制资产负债表

根据本年发生的经济业务，年末编制本年的资产负债表，见表5-20。

表5-20　　　　　　　　　　　简易式资产负债表　　　　　　　　　　单位：万元

资　产	期初数	期末数	负债和所有者权益	期初数	期末数
流动资产：			负债：		
现金		730	长期负债		704
应收款		969	短期负债		1 076
在制品		160	应付账款		
产成品			应交税金		55
原料			一年内到期的长期负债		
流动资产合计		1 859	负债合计		1 835
固定资产：			所有者权益：		
土地和建筑			股东资本		600
机器与设备		740	利润留存		-6
在建工程		0	年度净利		170
固定资产合计		740	所有者权益合计		764
资产总计		2 599	负债和所有者权益总计		2 599

四、第四年

第四年进行扩张，扩大产能，增加新产品的研发。

前三年由于开办之初，资金紧张，只要能生存就好。如果操之过急，容易造成资金断流而破产。幸好拍得二张订单，缓解了资金压力，但为交单又闹得手忙脚乱。

1.新年度规划

第四年增租一大一中二厂房，租用二条自动线用来生产P4，新建二条柔性线和三条自动线用来生产P1，同时加紧研发P3并投产。广告费投入126W，后又拍得二张订单，共投入广告费146W。详见表5-21。

表5-21　　　　　　　　　　　广告费投入明细表　　　　　　　　　　单位：万元

市场	本地			区域			国内			亚洲			国际	合计
产品	P2	P3	P4	P2	P3	P4	P2	P3	P4	P2	P3	P5		126+20[1]
广告			75			40			11					

说明：①20万为拍得1个订单所付标书费，并入广告费。

2.订货会议

营销总监参加订货会议，得到订单，内容见表5-22。

表5-22 订单登记表 单位：万元

订单号	1	2	3	4	5	6	7	8	9	10	竞拍	竞拍	合计
市　场	本地	本地	区域	国内	亚洲	亚洲	亚洲	亚洲	亚洲	亚洲	国内	国内	
产　品	P4	P4	P4	P4	P2	P2	P3	P3	P3	P5	P1	P4	
数　量	3	4	4	2							6	4	
账　期（Q）	1	2	2	0							4	1	
销售额（M）	405	513	475	258							357	700	
成　本													
毛　利													
未　售													

3.制订新年度计划

正常生产，正常交单。

4.公司当年经营情况

第四年运营表见表5-23。

表5-23 第四年运营表 单位：万元

	手工操作流程		手工记录		
年初	年初现金余额	730			
	广告投放	−126−20			
	支付应付税（25%）	−55			
	支付长贷利息	−70			
	更新长期贷款/长期贷款还款				
	申请长期贷款	410			
1	季初盘点（请填余额）	869	405	881	716
2	更新短期贷款/短期贷款还本付息	−387	−387	−219	−135
3	申请短期贷款	449	389	209	129
4	原材料入库/更新原料订单	−180	−120	−130	−140
5	下原料订单				
6	购买/租用厂房	−42	−30		
7	更新生产/完工入库				
8	新建/在建/转产/变卖生产线	−100	−150−100	−250	−250
9	紧急采购（随时进行）		−240	−60	−360

	手工操作流程	手工记录			
10	开始下一批生产	−20−80	−20−40	−30−60	−50
11	更新应收款/应收款收现		639+258	405	600
12	按订单交货				
13	产品研发投资	−10	−10	−10	
14	厂房出售（买转租）/退租/租转买				
15	新市场开拓/ISO资格投资				−20
16	支付管理费/更新厂房租金	−10−84	−10	−10	−10
17	出售库存				
18	厂房贴现				
19	应收款贴现				
20	季末收入合计				
21	季末支出合计				
22	季末数额对账[（1）＋（20）−（21）]	405	881	716	480
年末	缴纳违约订单罚款（25%）				
	支付设备维护费				−245
	计提折旧				
	新市场/ISO资格认证投资				
	结账				240

后三个季度，有几次紧急采购，是由于拍得订单造成的，有一定损失，但在所难免。

5.填写商品核算统计表

交货时要填写、记录商品核算表，到年末统计出全年的商品销售，并填写商品核算统计表，见表5-24。

表5-24　　　　　　　　　　　　商品核算统计表　　　　　　　　　　　单位：万元

	P1	P2	P3	P4	合计
数　量	6			19	13
销售额（M）	357			2 351	2 708
成　本（M）	120			950	1 070
毛　利（M）	237			1 301	1 638

6.填写费用明细表

将全年的费用汇总，填写全年的费用明细表，见表5-25。

表 5-25   **费用明细表**   单位：万元

项　目	金额（M）	备　注
管理费	40	
广告费	146	
保养费	240	
损　失	440	
租　金	156	
转产费		
市场准入开拓	20	□区域　□国内　□亚洲　□国际
ISO 资格认证	30	☑ISO 9000　☑ISO 14000
产品研发	0	P2（　）　P3（√）　P4（　）
其　他	0	
合　计	1 072	

7. 编制利润表

根据本年发生的经济业务，编制本年的简易式利润表，见表 5-26。

表 5-26   **简易式利润表**   单位：万元

项　目	上年数	本年数
销售收入		2 708
直接成本		1 070
毛利		1 638
综合费用		1 072
折旧前利润		566
折旧		200
支付利息前利润		366
利息		
贴现费用		
财务收入/支出		155
其他收入/支出		
税前利润		211
所得税		53
净利润		158

8.编制资产负债表

根据本年发生的经济业务，年末编制本年的简易式资产负债表，见表5-27。

表5-27 简易式资产负债表 单位：万元

资　　产	期初数	期末数	负债和所有者权益	期初数	期末数
流动资产：			负债：		
现金		240	长期负债		1 114
应收款		1 345	短期负债		1 176
在制品		290	应付账款		
产成品			应交税金		53
原料			一年内到期的长期负债		
流动资产合计		1 875	负债合计		2 343
固定资产：			所有者权益：		
土地和建筑			股东资本		600
机器与设备		540	利润留存		164
在建工程		850	年度净利		158
固定资产合计		1 390	所有者权益合计		922
资产总计		3 265	负债和所有者权益总计		3 265

五、第五年

超级手工线已无利用价值，将其卖掉换成新的生产线。新开国际市场，P1和P3价格高，故在国际市场投入P1和P3的广告，并如期取得订单。

1.新年度规划

第五年增加P3的生产，并向国际市场投入P1和P3的广告。广告费投入共280W，详见表5-28。

表5-28 广告费投入明细表 单位：万元

产品	本地	区域	国内	亚洲	国际	合计
P1					56	
P2						
P3					57	
P4	73	11		83		
P5						
合计	73	11		83	113	280

2.订货会议

参加订货会议，为本企业得到如下订单，见表5-29。

表 5-29 订单登记表 单位：万元

订单号	1	2	3	4	5	6	7	8	9
市 场	本地	本地	区域	亚洲	国际	国际	国际	国际	国际
产 品	P4	P4	P4	P4	P1	P1	P3	P3	P3
数 量	4	2	4	1	4	2	4	4	3
账 期（Q）	1	2	2	0	3	4	2	2	1
销售额（M）	467	240	520	128	210	121	346	361	270
成 本									
毛 利									
未 售									

3.制订新年度计划

正常生产，正常交单。

4.公司当年经营情况

第五年运营表见表5-30。

表 5-30 第五年运营表 单位：万元

	手工操作流程	手工记录			
年初	年初现金余额	240			
	广告投放	−280			
	支付应付税(25%)	−53			
	支付长贷利息	−111			
	更新长期贷款/长期贷款还款				
	申请长期贷款	216			
1	季初盘点(请填余额)	491	351	755	824
2	更新短期贷款/短期贷款还本付息	−471	−408	−219	−135
3	申请短期贷款	709	389	209	129
4	原材料入库/更新原料订单	−280	−200	−110	−210
5	下原料订单				
6	购买/租用厂房				
7	更新生产/完工入库				
8	新建/在建/转产/变卖生产线	20	−100-50	−150	−150
9	紧急采购(随时进行)				

	手工操作流程	手工记录			
10	开始下一批生产	-60-50	-110	-110	-110
11	更新应收款/应收款收现	128		481	525
12	按订单交货				
13	产品研发投资		-10	-22	-22
14	厂房出售(买转租)/退租/租转买				
15	新市场开拓/ISO资格投资				
16	支付管理费	-10-126	-10-30	-10	-10
17	出售库存				
18	厂房贴现				
19	应收款贴现	308+171	126+9		
20	季末收入合计				
21	季末支出合计				
22	季末数额对账[(1)+(20)-(21)]	351	755	824	841
年末	缴纳违约订单罚款(25%)				
	支付设备维护费				-320
	计提折旧				
	新市场/ISO资格认证投资				
	结账				521

5. 填写商品核算统计表

交货时要填写、记录商品核算表，到年末统计出全年的商品销售，并填写商品核算统计表，见表5-31。

表5-31　　　　　　　　　　　商品核算统计表　　　　　　　　　　单位：万元

	P1	P2	P3	P4	合计
数　量	2	11		P4	
销售额（M）	231	977		11	
成　本（M）	40	440		550	
毛　利（M）	191	537		1 355	

6. 填写费用明细表

将全年的费用汇总，填写全年的费用明细表，见表5-32。

表 5-32　　　　　　　　　　　　　　　　　费用明细表　　　　　　　　　　　　　单位：万元

项　目	金额（M）	备注
管理费	40	
广告费	280	
保养费	320	
损　失	40	
租　金	156	
转产费		
市场准入开拓	0	□区域　□国内　□亚洲　□国际
ISO资格认证	54	□ISO 9000　□ISO 14000
产品研发	0	P2（　）　P3（√）　P4（　）　P5（√）
其　他	0	
合　计	890	

7. 编制利润表

根据本年发生的经济业务，编制本年的简易式利润表，见表 5-33。

表 5-33　　　　　　　　　　　　　　　　简易式利润表　　　　　　　　　　　　　单位：万元

项　目	上年数	本年数
销售收入		2 663
直接成本		1 110
毛利		1 553
综合费用		890
折旧前利润		663
折旧		160
支付利息前利润		503
财务收入/支出		246
其他收入/支出		
税前利润		257
所得税		64
净利润		193

8. 编制资产负债表

根据本年发生的经济业务，年末编制本年的简易式资产负债表，见表 5-34。

表5-34   **简易式资产负债表**   单位：万元

资　产	期初数	期末数	负债和所有者权益	期初数	期末数
流动资产：			负债：		
现金		521	长期负债		1 330
应收款		1 384	短期负债		1 436
在制品		420	应付账款		
产成品			应交税金		64
原料			一年内到期的长期负债		
流动资产合计		2 325	负债合计		2 830
固定资产：			所有者权益：		
土地和建筑			股东资本		600
机器与设备		1 170	利润留存		322
在建工程		450	年度净利		193
固定资产合计		1 620	所有者权益合计		1 115
资产总计		3 945	负债和所有者权益总计		3 945

六、第六年

第六年进行最后的拼杀。由于比赛最后看比分，所以第六年要考虑加分项，如买入厂房、完成新产品的研发和生产线的修建等。

第六年仍有拍单环节，有的队可能会以有利价格拍到大单后来居上。U15就在这上吃了大亏。为避免意外，有的队宁肯违约以低价拍得不能生产的关键大单，让肉烂在自己的锅里。

最后U15队以5745分名列第二。

1.新年度规划

增加新产品P2的生产。为了加分则完成P5的研发并再建一些生产线，买入厂房。广告费共计372W，详见表5-35。

表5-35   **广告费投入明细表**   单位：万元

产品	本地	区域	国内	亚洲	国际	合计
P1		12				
P2			37		56	
P3	15	55				
P4		74	87		36	
P5						
合计	15	141	124		92	372

2.订货会议

营销总监参加订货会议，得到订单，内容见表5-36。

表5-36 　　　　　　　　　　　　　　　订单登记表　　　　　　　　　　　　　　单位：万元

订单号	1	2	3	4	5	6	7	8	9	10	11	12	13	14
市场	本地	区域	区域	区域	区域	区域	国内	国内	国内	国内	国际	国际	竞拍	竞拍
产品	P3	P1	P3	P3	P4	P4	P2	P4	P4	P4	P2	P4	P1	P4
数量	3	3	2	1	3	2	6	1	5	4	4	3	6	4
账期（Q）	2	1	1	0	2	1	2	0	3	2	4	2	4	1
销售额（W）	266	148	174	85	384	253	426	132	654	514	310	390	357	600
成本														
毛利														
未售														

3.制订新年度计划

正常生产，正常交单。

4.公司当年经营情况

第六年运营表见表5-37。

表5-37 　　　　　　　　　　　　　　　第六年运营表　　　　　　　　　　　　　　单位：万元

	手工操作流程	手工记录			
年初	年初现金余额	521			
	广告投放	−372			
	支付应付税（25%）	−64			
	支付长贷利息	−133			
	更新长期贷款/长期贷款还款				
	申请长期贷款	579			
1	季初盘点（请填余额）	747	568	41	323
2	更新短期贷款/短期贷款还本付息	−744	−408	−219	−135
3	申请短期贷款	709	389	209	129
4	原材料入库/更新原料订单	−320	−250	−180	
5	下原料订单				
6	购买/租用厂房				
7	更新生产/完工入库				
8	新建/在建/转产/变卖生产线	−50	−20−50	−50	

	手工操作流程	手工记录			
9	紧急采购（随时进行）				
10	开始下一批生产	-140	-130	-130	
11	更新应收款/应收款收现	1 053+217	274	332	134
12	按订单交货				
13	产品研发投资	-12	-12	-12	-12
14	厂房出售（买转租）/退租/租转买	-840-42	-300		
15	新市场开拓/ISO资格投资				
16	支付管理费/更新厂房租金	-10	-10	-10	-10
17	出售库存				
18	厂房贴现				
19	应收款贴现	90+126		180+162	
20	季末收入合计				
21	季末支出合计				
22	季末数额对账[（1）+（20）-（21）]	568	41	323	429
年末	缴纳违约订单罚款（25%）				
	支付设备维护费				400
	计提折旧				
	新市场/ISO资格认证投资				
	结账				29

5.填写商品核算统计表

交货时要填写、记录商品核算表，到年末统计出全年的商品销售，并填写商品核算统计表，见表5-38。

表5-38　　　　　　　　　　**商品核算统计表**　　　　　　　　　　单位：万元

	P1	P2	P3	P4	合计
数　量	9	10	6	21	46
销售额（M）	531	736	525	2 195	3 736
成　本（M）	180	300	240	1 050	1 500
毛　利（M）	351	436	285	1 145	2 236

6.填写费用明细表

将全年的费用汇总，填写全年的费用明细表，见表5-39。

表5-39 **费用明细表** 单位：万元

项 目	金 额（M）	备 注
管理费	40	
广告费	372	
保养费	400	
损 失		
租 金	42	
转产费	20	
市场准入开拓		□区域　□国内　□亚洲　□国际
ISO 资格认证		□ISO 9000　□ISO 14000
产品研发	48	P2（　）　P3（　）　P5（√）
其 他		
合 计	922	

7.编制利润表

根据本年发生的经济业务，编制本年的简易式利润表，见表5-40。

表5-40 **简易式利润表** 单位：万元

项 目	上年数	本年数
销售收入		3 736
直接成本		1 500
毛利		2 236
综合费用		922
折旧前利润		1 314
折旧		330
支付利息前利润		984
财务收入/支出		269
其他收入/支出		
税前利润		715
所得税		179
净利润		536

8.编制资产负债表

根据本年发生的经济业务，年末编制本年的简易式资产负债表，见表5-41。

表5-41 　　　　　　　　　　　　　　**简易式资产负债表** 　　　　　　　　　单位：万元

资　产	期初数	期末数	负债和所有者权益	期初数	期末数
流动资产：			负债：		
现金		29	长期负债		1 909
应收款		2 486	短期负债		1 436
在制品			应付账款		
产成品			应交税金		179
原料		80	一年内到期的长期负债		
流动资产合计		2 595	负债合计		3 524
固定资产：			所有者权益：		
土地和建筑		1 140	股东资本		600
机器与设备		1 440	利润留存		515
在建工程			年度净利		536
固定资产合计		2 580	所有者权益合计		1 651
资产总计		5 175	负债和所有者权益总计		5 175

此案例是比较典型的倒短贷法，优点是不必担心利息费用太高。缺点是，开始几年获得的发展资金较少，会造成开初几年发展慢一些；每期必须精打细算，一旦订单失利则会还款困难。往往需要巨额贴现。

有些参赛队则开始借入1 800W的长期贷款，在第六年年初一块归还。这样开始几年获得的发展资金多，还款压力小，但利息费用多一些。

● 第三节　U21队战例

U21队的特点是大刀阔斧、全面开花。他们以倒短贷主打P5的策略开局，稳扎稳打，逐步扩张，最后独占鳌头，取得6 302的高分，成绩傲人。

对于P4和P5，从历次比赛来看，鲜有问津者。也许是因为它们是复合产品，操作相对复杂，所以以它们为主打的策略几乎皆有建树。

一、第一年

第一年购入一个中厂房和三台柔性生产线，借入短贷616W，研发P2和P5。

1.运营表

第一年运营表详见表5-42。

表 5-42　　　　　　　　　　　　第一年运营表　　　　　　　　　　　单位：万元

	手工操作流程	手工记录			
年初	年初现金余额	600			
	广告投放				
	支付应付税（25%）				
	支付长贷利息				
	更新长期贷款/长期贷款还款				
	申请长期贷款				
1	季初盘点（请填余额）	600	277	244	231
2	更新短期贷款/短期贷款还本付息				
3	申请短期贷款	149	149	169	149
4	原材料入库/更新原料订单				
5	下原料订单				
6	购买/租用厂房	−300			
7	更新生产/完工入库				
8	新建/在建/转产/变卖生产线	−150	−150	−150	−150
9	紧急采购（随时进行）				
10	开始下一批生产				
11	更新应收款/应收款收现				
12	按订单交货				
13	产品研发投资	−12	−22	−22	−22
14	厂房出售（买转租）/退租/租转买				
15	新市场开拓/ISO资格投资				−50−20
16	支付管理费/更新厂房租金	−10	−10	−10	−10
17	出售库存				
18	厂房贴现				
19	应收款贴现				
20	季末收入合计				
21	季末支出合计				
22	季末数额对账[（1）+（20）−（21）]	277	244	231	128
年末	缴纳违约订单罚款（25%）				
	支付设备维护费				
	计提折旧				（　　）
	新市场/ISO资格认证投资				
	结账				128

2.填写费用明细表

将全年的费用汇总，填写全年的费用明细表，如表5-43所示。

表5-43　　　　　　　　　　　　　　　　　**费用明细表**　　　　　　　　　　　　　　　单位：万元

项　目	金　额（M）	备　注
管理费	40	
广告费		
保养费		
租　金		
转产费		
市场准入开拓	50	☑本地　☑区域　☑国内　☑亚洲　☑国际
ISO资格认证	20	☑ISO 9000　☑ISO 14000
产品研发	78	P1（　）　P2（√）　P3（　）　P4（　）　P5（√）
其　他		
合　计	188	

3.编制利润表

根据本年发生的经济业务，编制本年的简易式利润表，如表5-44所示。

表5-44　　　　　　　　　　　　　　　　　**简易式利润表**　　　　　　　　　　　　　　单位：万元

项　目	上年数	本年数
销售收入		
直接成本		
毛利		
综合费用		−188
折旧前利润		−188
折旧		
支付利息前利润		−188
利息		
贴现费用		
财务收入/支出		
其他收入/支出		
税前利润		−188
所得税		
净利润		−188

4.编制资产负债表

根据本年发生的经济业务，年末编制本年的简易式资产负债表，如表5-45所示。

表5-45   **简易式资产负债表**   单位：万元

资产	期初数	期末数	负债和所有者权益	期初数	期末数
流动资产：			负债：		
现金		128	长期负债		
应收款			短期负债		616
在制品			应付账款		
产成品			应交税金		
原料			一年内到期的长期负债		
流动资产合计		128	负债合计		616
固定资产：			所有者权益：		
土地和建筑		300	股东资本		600
机器与设备			利润留存		
在建工程		600	年度净利		-188
固定资产合计		900	所有者权益合计		412
资产总计		1 028	负债和所有者权益总计		1 028

二、第二年

U21一开始即大刀阔斧，摆开决战的架势，准备大干一场。从广告投入上可见一斑。由于P5里包含P2，而P2也可直接出售，且价格尚可，所以此方案更具灵活性。

1.新年度规划

在市场上打出P2和P5的广告，具体生产依订单而定。广告费投入共115W，以区域P2为重点，详见表5-46。

表5-46   **广告费投入明细表**   单位：万元

市场	本地					区域					合计
产品	P1	P2	P3	P4	P5	P1	P2	P3	P4	P5	
广告		19			14		72			10	115

2.订货会议

营销总监参加订货会议，为本企业得到订单，见表5-47。

3.制订新年度计划

租用一个大厂房。购入四台超级手工线，用来生产P2。按订单生产，正常交单。

4.公司当年经营情况

公司第二年经营情况，见表5-48。

表 5-47　　　　　　　　　　　　　　　订单登记表　　　　　　　　　　　　　　单位：万元

订单号	1	2	3	合计
市　场	本地	区域	区域	区域
产　品	P2	P2	P2	P5
数　量	1	5	1	2
账期（Q）	0	0	0	2
销售额（M）	70	360	70	285
成　本				
毛　利				
未　售				

表 5-48　　　　　　　　　　　　　　　第二年运营表　　　　　　　　　　　　　　单位：万元

	手工操作流程		手工记录		
年初	年初现金余额	36			
	广告投放	−115			
	支付应付税（25%）				
	支付长贷利息				
	更新长期贷款/长期贷款还款				
	申请长期贷款	344			
1	季初盘点（请填余额）	357	156	186	359
2	更新短期贷款/短期贷款还本付息	−156	−156	−177	−156
3	申请短期贷款	369	149	209	165
4	原材料入库/更新原料订单	−140	−60	−140	−60
5	下原料订单				
6	购买/租用厂房	−42			
7	更新生产/完工入库				
8	新建/在建/转产/变卖生产线	−140			
9	紧急采购（随时进行）				
10	开始下一批生产	−70	−40	−70	−30
11	更新应收款/应收款收现		129+108	361	

	手工操作流程	手工记录			
12	按订单交货				
13	产品研发投资	−12	−12		−10
14	厂房出售（买转租）/退租/租转买				
15	新市场开拓/ISO资格投资				−30−20
16	支付管理费	−10−42	−10	−10	−10
17	出售库存				
18	厂房贴现				
19	应收款贴现				
20	季末收入合计				
21	季末支出合计				
22	季末数额对账[（1）+（20）−（21）]	156	186	359	218
年末	缴纳违约订单罚款（25%）				
	支付设备维护费				−80
	计提折旧				
	新市场/ISO资格认证投资				
	结账				138

5.填写商品核算统计表

交货时要填写、记录商品核算表，到年末统计出全年的商品销售，并填写商品核算统计表，见表5-49。

表5-49   **商品核算统计表**   单位：万元

	P1	P2	P3	P4	P5	合计
数　量		7			2	9
销售额（M）		500			285	795
成　本（M）		210			120	330
毛　利（M）		290			165	465

6.填写费用明细表

将全年的费用汇总，填写全年的费用明细表，见表5-50。

表5-50　　　　　　　　　　　　　　**费用明细表**　　　　　　　　　　　　单位：万元

项　目	金　额（M）	备　注
管理费	40	
广告费	115	
维护费	80	
租　金	42	
转产费	0	
市场准入开拓	30	□区域　☑国内　☑亚洲　☑国际
产品研发费	24	P3（　）P4（　）　P5（√）
ISO资格认证	20	☑ISO 9000　☑ISO 14000
其　他	0	
合　计	351	

7.编制利润表

根据本年发生的经济业务，编制本年的简易式利润表，见表5-51。

表5-51　　　　　　　　　　　　　　**简易式利润表**　　　　　　　　　　　　单位：万元

项　目	上 年 数	本 年 数
销售收入		795
直接成本		330
毛利		465
综合费用		351
折旧前利润		114
折旧		
支付利息前利润		114
财务费用		29
其他收入/支出		
税前利润		85
所得税		
年度净利润		85

8.编制资产负债表

根据本年发生的经济业务，年末编制本年的简易式资产负债表，见表5-52。

表5-52　　　　　　　　　　　　　　简易式资产负债表　　　　　　　　　单位：万元

资产	期初数	期末数	负债和所有者权益	期初数	期末数
流动资产：			负债：		
现金		138	长期负债		344
应收款		285	短期负债		892
在制品		270	应付账款		
产成品			应交税金		
原料			一年内到期的长期负债		1 236
流动资产合计		693	负债合计		1 308
固定资产：			所有者权益：		
土地和建筑		300	股东资本		
机器与设备		740	利润留存		−188
在建工程			年度净利		85
固定资产合计		1 040	所有者权益合计		497
资产总计		1 733	负债和所有者权益总计		1 733

三、第三年

第三年权益有所回升，企业逐渐开始扩张。P2难抢，重点转向P5。

1.新年度规划

国内市场新开，故投入较多，得单较理想，并意外获国内市场领导者地位，研发P3。投广告详情见表5-53。

表5-53　　　　　　　　　　　　　　广告费投入明细表　　　　　　　　　单位：万元

市场	本地			区域			国内			亚洲	国际	合计
产品	P1	P2	P5	P2	P4	P5	P2	P4	P5			126
广告			42	12					72			

2.订货会议

参加订货会议，为本企业得到如下订单，见表5-54。

3.制订新年度计划

增租一个大厂房，先租两个自动线用来生产P2，在第二季开始安装二条柔性线。

4.公司当年经营情况

第三年运营表见表5-55。

表5-54 订单登记表 单位：万元

订单号	1	2	3	4	5	6	7	8			合计
市 场	本地	本地	区域	区域	区域	区域	国内	国内			
产 品	P5	P5	P2	P5	P5	P5	P5	P5			
数 量	2	3	1				3	5			
账 期（Q）	1	2	2				0	1			
销售额（M）	285	426	67				410	715			
成 本											
毛 利											
未 售											

表5-55 第三年运营表 单位：万元

	手工操作流程		手工记录		
年初	年初现金余额	138			
	广告投放	−126			
	支付应付税（25%）				
	支付长贷利息	−34			
	更新长期贷款/长期贷款还款				
	申请长期贷款	180			
1	季初盘点（请填余额）	390	157	475	237
2	更新短期贷款/短期贷款还本付息	−387	−156	−219	−173
3	申请短期贷款	329	249	200	189
4	原材料入库/更新原料订单	−180	−100	−180	−100
5	下原料订单				
6	购买/租用厂房	−42			
7	更新生产/完工入库				
8	新建/在建/转产/变卖生产线		−100	−100	−100
9	紧急采购（随时进行）				
10	开始下一批生产	−40−50	−50	−90	−50
11	更新应收款/应收款收现		75+410		285

续表

	手工操作流程	手工记录			
12	按订单交货				
13	产品研发投资			−10	−10
14	厂房出售（买转租）/退租/租转买				
15	新市场开拓/ISO资格投资				−20−10
16	支付管理费/更新厂房租金	−10−72	−10	−10	−10
17	出售库存				
18	厂房贴现	232			
19	应收款贴现	189	171		
20	季末收入合计				
21	季末支出合计				
22	季末数额对账[（1）+（20）−（21）]	157	475	237	238
年末	缴纳违约订单罚款（25%）				
	支付设备维护费				−220
	计提折旧				
	新市场/ISO资格认证投资				
	结账				

5.填写商品核算统计表

交货时要填写、记录商品核算表，到年末统计出全年的商品销售，并填写商品核算统计表，见表5-56。

表5-56　　　　　　　　　　　商品核算统计表　　　　　　　　　　单位：万元

	P1	P2	P3	P4	P5	合计
数　量		1			13	
销售额（M）		67			1 836	1 903
成　本（M）		30			780	810
毛　利（M）		37			1 056	1 093

6.填写费用明细表

将全年的费用汇总，填写全年的费用明细表，见表5-57。

表 5-57　　　　　　　　　　　　　　　　**费用明细表**　　　　　　　　　　　　　　　单位：万元

项　目	金额（M）	备　注
管理费	40	
广告费	126	
维护费	220	
租　金	114	
转产费	0	
市场准入开拓	20	□区域　□国内　☑亚洲　☑国际
产品研发费	20	P3（√）　P4
ISO资格认证	10	□ISO 9000　☑ISO 14000
其　他	0	
合　计	550	

7. 编制利润表

根据本年发生的经济业务，编制本年的简易式利润表，见表 5-58。

表 5-58　　　　　　　　　　　　　　　　**简易式利润表**　　　　　　　　　　　　　　　单位：万元

项目	上年数	本年数
销售收入		1 903
直接成本		810
毛利		1 093
综合费用		550
折旧前利润		543
折旧		160
支付利息前利润		383
财务费用		155
其他收入/支出		
税前利润		228
所得税		31
净利润		197

8. 编制资产负债表

根据本年发生的经济业务，年末编制本年的简易式资产负债表，见表 5-59。

表5-59 <center>**简易式资产负债表**</center> 单位：万元

资产	期初数	期末数	负债和所有者权益	期初数	期末数
流动资产：			负债：		
现金		18	长期负债		524
应收款		1 018	短期负债		967
在制品		300	应付账款		
产成品			应交税金		31
原料			一年内到期的长期负债		
流动资产合计		1 336	负债合计		1 522
固定资产：			所有者权益：		
土地和建筑			股东资本		
机器与设备		580	利润留存		−103
在建工程		300	年度净利		197
固定资产合计		880	所有者权益合计		694
资产总计		2 216	负债和所有者权益总计		2 216

四、第四年

上一年所有者权益超过初始值，为第四年进行进一步扩大产能和研发生产新产品提供了条件。

第四年意外拍得P5有利大单，产能有限，所以只能对几张在广告市场得来的订单违约，交违约金258W。违约金按订单的20%四舍五入计算。

1.新年度规划

仍然把重点放在P5上，研发P3、P4由于上一年在国内市场取得领导者地位，故在该地投了P2的广告，并期望重复拿单。总共投入的广告费详见表5-60。

表5-60 <center>**广告费投入明细表**</center> 单位：万元

市场	本地			区域			国内			亚洲		国际	合计
产品	P2	P3	P4	P2	P3	P5	P2	P3	P4	P2	P5	P5	167+20[1]
广告	10					50	30				74		

说明：①20万为拍得1个订单所付的标书费，并入广告费。

2.订货会议

营销总监参加订货会议，得到订单，内容见表5-61。

3.制订新年度计划

增租一个大厂房，开始安装二条柔性线，第二季安装二条自动线。

4.公司当年经营情况

第四年运营表见表5-62。

表 5-61 订单登记表 单位：万元

订单号	1	2	3	4	5	6	7	8	9	10	11	竞拍	竞拍
市　场	本地	区域	区域	国内	国内	亚洲	亚洲	亚洲	亚洲	亚洲	亚洲	区域	亚洲
产　品	P2	P5	P5	P2	P2	P5	P5	P3	P3	P5	P5	P5	P5
数　量	2	5	1	3	5	2	3					3	6
账　期（Q）	1	2	2	2	2	2	3					0	4
销售额（M）	137	698	137	212	324	300	454					521	1 077
成　本													
毛　利													
未　售		违约	违约				违约						

表 5-62 第四年运营表 单位：万元

	手工操作流程	手工记录			
年初	年初现金余额	18			
	广告投放	−167−20			
	支付应付税（25%）	−31			
	支付长贷利息	−52			
	更新长期贷款/长期贷款还款				
	申请长期贷款	380			
1	季初盘点（请填余额）	407	593	889	318
2	更新短期贷款/短期贷款还本付息	−345	−261	−210	−198
3	申请短期贷款	429	349	209	189
4	原材料入库/更新原料订单	−220	−160	−240	−140
5	下原料订单				
6	购买/租用厂房	−42			
7	更新生产/完工入库				
8	新建/在建/转产/变卖生产线	−100	−100−100	−200	−200
9	紧急采购（随时进行）				
10	开始下一批生产	−80−30	−70	−110	−70
11	更新应收款/应收款收现	708	137+521		

	手工操作流程	手工记录			
12	按订单交货				
13	产品研发投资	−10	−10	−10	−21
14	厂房出售（买转租）/退租/租转买				
15	新市场开拓/ISO资格投资				−10
16	支付管理费/更新厂房租金	−10−114	−10	−10	−10
17	出售库存				
18	厂房贴现				
19	应收款贴现	252+18+9			105+369
20	季末收入合计				
21	季末支出合计				
22	季末数额对账[（1）+（20）−（21）]	593	889	318	544
年末	缴纳违约订单罚款（25%）				−258
	支付设备维护费				−260
	计提折旧				
	新市场/ISO资格认证投资				
	结账				26

5. 填写商品核算统计表

交货时要填写、记录商品核算表，到年末统计出全年的商品销售，并填写商品核算统计表，见表5-63。

表5-63　　　　　　　　　　　　　　商品核算统计表　　　　　　　　　　　　单位：万元

	P1	P2	P3	P5	合计
数　量		10		11	21
销售额（M）		673		1 898	2 571
成　本（M）		300		660	960
		373		1238	1 611

6. 填写费用明细表

将全年的费用汇总，填写全年的费用明细表，见表5-64。

7. 编制利润表

根据本年发生的经济业务，编制本年的简易式利润表，见表5-65。

表5-64　　　　　　　　　　　　　　费用明细表　　　　　　　　　　　　　　单位：万元

项目	金额（M）	备　注
管理费	40	
广告费	187	
保养费	260	
损　失	258	
租　金	156	
转产费		
市场准入开拓	10	□区域　□国内　□亚洲　☑国际
ISO资格认证		□ISO 9000　□ISO 14000
产品研发	51	P2（　）P3（√）P4（√）
其　他	0	
合　计	962	

表5-65　　　　　　　　　　　　　　简易式利润表　　　　　　　　　　　　　单位：万元

项目	上年数	本年数
销售收入		2 571
直接成本		960
毛利		1 611
综合费用		962
折旧前利润		649
折旧		160
支付利息前利润		489
利息		
贴现费用		
财务收入/支出		186
其他收入/支出		
税前利润		303
所得税		76
净利润		227

8.编制资产负债表

根据本年发生的经济业务，年末编制本年的简易式资产负债表，见表5-66。

表 5-66   简易式资产负债表   单位：万元

资产	期初数	期末数	负债和所有者权益	期初数	期末数
流动资产：			负债：		
现金		26	长期负债		904
应收款		1 171	短期负债		1 176
在制品		460	应付账款		
产成品			应交税金		76
原料			一年内到期的长期负债		
流动资产合计		1 657	负债合计		2 156
固定资产：			所有者权益：		
土地和建筑			股东资本		
机器与设备		720	利润留存		94
在建工程		700	年度净利		227
固定资产合计		1 420	所有者权益合计		921
资产总计		3 077	负债和所有者权益总计		3 077

五、第五年

所有者权益提升较快，已初具规模。卖掉手工线，鸟枪换炮，并拓展产品的广度。

1.新年度规划

卖掉超级手工线，换成二台柔性线，研发 P4。广告费投入共 411W，详见表 5-67。

表 5-67   广告费投入明细表   单位：万元

产品	本地	区域	国内	亚洲	国际	合计
P1					52	
P2						
P3		21			123	
P4						
P5			71	21	123	
合计		21	71	21	246	411

2.订货会议

参加订货会议，为本企业得到如下订单，见表 5-68。

3.制订新年度计划

正常生产，正常交单。

4.公司当年经营情况

第五年运营表见表 5-69。

表 5-68   订单登记表   单位：万元

订单号	1	2	3	4	5	6	7	8	9
市 场	区域	国内	亚洲	国际	国际	国际	国际	国际	
产 品	P3	P5	P5	P1	P3	P3	P5	P5	
数 量	3	4	5	5	5	2	2	4	
账 期（Q）	1	2	3	3	2	1	3	2	
销售额（M）	246	600	734	253	444	177	321	607	
成 本									
毛 利									
未 售									

表 5-69   第五年运营表   单位：万元

	手工操作流程	手工记录			
年初	年初现金余额	26			
	广告投放	−411			
	支付应付税（25%）	−76			
	支付长贷利息	−90			
	更新长期贷款/长期贷款还款				
	申请长期贷款	450			
1	季初盘点（请填余额）	452	522	423	450
2	更新短期贷款/短期贷款还本付息	−450	−366	−219	−198
3	申请短期贷款	662	349	209	189
4	原材料入库/更新原料订单	−250	−280	−190	−210
5	下原料订单				
6	购买/租用厂房				
7	更新生产/完工入库				
8	新建/在建/转产/变卖生产线	20−100	−100	−100	−100
9	紧急采购（随时进行）	−20			
10	开始下一批生产	−60−10	−120	−120	−120
11	更新应收款/应收款收现		250	468	391
12	按订单交货				
13	产品研发投资	−11	−11	−11	−11

续表

	手工操作流程	手工记录			
14	厂房出售（买转租）/退租/租转买				
15	新市场开拓/ISO资格投资				
16	支付管理费	−10−156	−10	−10	−10
17	出售库存				
18	厂房贴现				
19	应收款贴现	553+505	189		9
20	季末收入合计				
21	季末支出合计				
22	季末数额对账[（1）＋（20）−（21）]	522	423	450	390
年末	缴纳违约订单罚款（25%）				
	支付设备维护费				390
	计提折旧				
	新市场/ISO资格认证投资				
	结账				0

5. 填写商品核算统计表

交货时要填写、记录商品核算表，到年末统计出全年的商品销售，并填写商品核算统计表，见表5-70。

表5-70 　　　　　　　　　　　　　　**商品核算统计表** 　　　　　　　　　　　单位：万元

	P1	P2	P3	P5	合计
数　量	5		10	15	
销售额（M）	253		867	2 262	3 382
成　本（M）	100		400	900	1 400
毛　利（M）	153		467	1 362	1 982

6. 填写费用明细表

将全年的费用汇总，填写全年的费用明细表，见表5-71。

7. 编制利润表

根据本年发生的经济业务，编制本年的简易式利润表，见表5-72。

8. 编制资产负债表

根据本年发生的经济业务，年末编制本年的简易式资产负债表，见表5-73。

表 5-71 费用明细表 单位：万元

项 目	金 额（M）	备 注
管理费	40	
广告费	411	
保养费	390	
损 失	50	
租 金	1 560	
转产费		
市场准入开拓		□区域 □国内 □亚洲 □国际
ISO 资格认证		□ISO 9000 □ISO 14000
产品研发	44	P2（ ） P3（ ） P4（√）
其 他		
合 计	1 091	

表 5-72 简易式利润表 单位：万元

项 目	上 年 数	本 年 数
销售收入		3 382
直接成本		1 400
毛利		1 982
综合费用		1 091
折旧前利润		891
折旧		180
支付利息前利润		711
财务收入/支出		307
其他收入/支出		
税前利润		404
所得税		101
净利润		303

表5-73   **简易式资产负债表**   单位：万元

资　产	期初数	期末数	负债和所有者权益	期初数	期末数
流动资产：			负债：		
现金			长期负债		1 354
应收款	2 028		短期负债		1 409
在制品	4 800		应付账款		
产成品			应交税金		101
原料			一年内到期的长期负债		
流动资产合计	2 508		负债合计		2 864
固定资产：			所有者权益：		
土地和建筑			股东资本		600
机器与设备	1 180		利润留存		321
在建工程	400		年度净利		303
固定资产合计	1 580		所有者权益合计		1 224
资产总计	4 088		负债和所有者权益总计		4 088

六、第六年

第五年又取得国际市场领导者地位，并保持到最后。形势越来越有利，夺冠已成定局，事实证明开始将经营的重点调整到P5上来是正确的。最后U21队以6 302分名列第一。

1.新年度规划

买入厂房。广告费共计518W，详见表5-74。

表5-74   **广告费投入明细表**   单位：万元

产品	本地	区域	国内	亚洲	国际	合计
P1					10	
P2	82		12		30	
P3						
P4			20		30	
P5	142			142	30	
合计	224		32	142	100	498+20[①]

说明：①20万为拍得1个订单所付标书费，并入广告费。

2.订货会议

营销总监参加订货会议，得到订单，另拍得一数量为8的P4大单，内容见表5-75。

表5-75   **订单登记表**   单位：万元

订单号	1	2	3	4	5	6	7	8	9	10	11	12	竞拍
市　场	本地	本地	本地	国内	国内	亚洲	国际	国际	国际	国际	国际	国际	国际
产　品	P2	P2	P5	P2	P4	P5	P1	P2	P2	P4	P4	P5	P4
数　量	1	5	4	1	1	5	4	5	2	4	3	5	8
账期（Q）	4	3	2	0	2	2	3	2	2	3	3	0	4
销售额（W）	92	341	630	71	132	801	234	361	154	546	409	798	1 188
成　本													
毛　利													
未　售													

3.制订新年度计划

正常生产，正常交单。

4.公司当年经营情况

第六年运营表见表5-76。

表5-76   **第六年运营表**   单位：万元

	手工操作流程		手工记录		
年初	年初现金余额	0			
	广告投放	−498−20			
	支付应付税（25%）	−101			
	支付长贷利息	−135			
	更新长期贷款/长期贷款还款				
	申请长期贷款	909			
1	季初盘点（请填余额）	939	431	1 096	616
2	更新短期贷款/短期贷款还本付息	−695	−366	−219	−198
3	申请短期贷款	662	349	209	189
4	原材料入库/更新原料订单	−410	−260	−190	
5	下原料订单				
6	购买/租用厂房				
7	更新生产/完工入库				
8	新建/在建/转产/变卖生产线				
9	紧急采购（随时进行）			−120	−1 050

	手工操作流程	手工记录			
10	开始下一批生产	−150	−150	−150	
11	更新应收款/应收款收现	444	1 102		154+71
12	按订单交货				
13	产品研发投资				
14	厂房出售（买转租）/退租/租转买	−720			
15	新市场开拓/ISO资格投资				
16	支付管理费/更新厂房租金	−10−84	−10	−10	−10
17	出售库存				
18	厂房贴现				
19	应收款贴现	720+509			729
20	季末收入合计				
21	季末支出合计				
22	季末数额对账[（1）+（20）−（21）]	431	1 096	616	501
年末	缴纳违约订单罚款（25%）				
	支付设备维护费				−600
	计提折旧				
	新市场/ISO资格认证投资				
	结账				1

5.填写商品核算统计表

交货时要填写、记录商品核算表，到年末统计出全年的商品销售，并填写商品核算统计表，见表5-77。

表5-77　　　　　　　　　　商品核算统计表　　　　　　　　　　单位：万元

	P1	P2	P4	P5	合计
数　量	4	14	16	14	
销售额（M）	234	1 019	2 275	2 229	5 757
成　本（M）	80	420	800	840	2 140
毛　利（M）	154	599	1 475	1 389	3 617

6.填写费用明细表

将全年的费用汇总，填写全年的费用明细表，见表5-78。

表 5-78　　　　　　　　　　　费用明细表　　　　　　　　　单位：万元

项　目	金　额（M）	备注
管理费	40	
广告费	508	
保养费	500	
损　失	780	
租　金	84	
转产费		
市场准入开拓		□区域　□国内　□亚洲　□国际
ISO 资格认证		□ISO 9000　□ISO 14000
产品研发		P2（　）P3（　）P5（　）
其　他		
合　计	1 912	

7.编制利润表

根据本年发生的经济业务，编制本年的简易式利润表，见表 5-79。

表 5-79　　　　　　　　　　　简易式利润表　　　　　　　　　单位：万元

项　目	上年数	本年数
销售收入		5 757
直接成本		2 140
毛利		3 617
综合费用		1 912
折旧前利润		1 705
折旧		320
支付利息前利润		1 385
财务收入/支出		424
其他收入/支出		
税前利润		
所得税		240
净利润		721

8.编制资产负债表

根据本年发生的经济业务，年末编制本年的简易式资产负债表，见表 5-80。

表5-80 **简易式资产负债表** 单位：万元

资　产	期初数	期末数	负债和所有者权益	期初数	期末数
流动资产：		1	负债：		
现金		3 836	长期负债		2 263
应收款			短期负债		1 409
在制品			应付账款		
产成品			应交税金		240
原料		40	一年内到期的长期负债		
流动资产合计		3 877	负债合计		3 912
固定资产：			所有者权益：		
土地和建筑		720	股东资本		
机器与设备		1 260	利润留存		624
在建工程			年度净利		721
固定资产合计		1 980	所有者权益合计		1 945
资产总计		5 857	负债和所有者权益总计		5 857

　　此案例也是用倒短贷法去筹集资金，但主打的是P5，这种策略似乎更灵活，扩张能力更强一些。U21的风格与U15有所不同，似乎步子迈得更大一些。

第六章

ERP沙盘战略和战术技巧

● 第一节 赛前准备及练习方法

"不打无准备之仗，不打无把握之仗"，沙盘培训必须做好充分准备，方能百战不殆，所向无敌。同时，它不仅是一个准备的过程，也是一个学习的过程。

一、ERP沙盘大赛组织与培训

ERP沙盘训练及比赛充满了趣味性与挑战性。学生参赛兴致极高，跃跃欲试。但若想取得预期的效果，必须进行妥善的组织和管理。赛前组织与培训包括以下方面。

（一）团队的组建

参赛团队的组建是值得研究的问题，对学生来说也是一种学习和实践的过程。现从组建原则、组建步骤和上一级比赛选拔团队成员的方法三个方面进行探讨。

1.组建原则

（1）以自愿为基础

参加ERP沙盘比赛是一项很艰苦的工作，有时寝食难安。比赛一般进行两天，事先还要准备和训练，要求参赛队员投入大量的时间和精力。面对如此巨大的投入，我们的团队必须建立在完全自愿的基础之上。

（2）调动学生积极性，自己组队

同学之间朝夕相处，相互了解程度远高于教师根据有限的接触所形成的印象。因此，最好由同学们自己组织5~6人的团队参赛。由于是在自己的努力下组织了团队，这样的团队从一开始就具备了团队合作的基础和自我约束机制。在比赛过程中，团队成员会感到强有力的自我约束并会受到团队凝聚力的影响。通过这种形式组成的参赛团队，即使队员之间在比赛过程中产生一些矛盾，也会通过自己和集体的努力把矛盾化解。

（3）性别比例适当

参赛队员的性别比例应该大体体现学生的性别比例。由于社会分工带来的性别差异，由男女同学组成的参赛队伍，无论是用有效性指标还是用效率性指标来衡量，都优于由单一性别所组成的参赛队伍。

（4）专业结构适当

ERP沙盘训练及比赛包括了会计、财务、营销、管理和生产等方面的知识。因此，团队成员的知识结构应涵盖这些学科的内容，团队里的角色最好由本专业的学生担任，起码学生要能胜任所担当的角色。

2.组建步骤

（1）明确目的和方向

指导老师首先应该向潜在的参赛队员详细介绍该项比赛，尽可能回答他们所提出的所有问题，以使他们事先明确他们将投入什么和投入多少，以及他们将从该项比赛中学到什么和学到多少。兴趣是最好的老师，学生明确目的和方向后，就会全身心地投入。

（2）学生自己沟通、串联

在通常情况下，具有较强的人际交往能力且具有敢为天下先的同学将首先成为发起者，将同学们召集起来，研究参赛，形成团队。这个核心人物很可能成为将来的CEO。

（3）确定CEO

指导老师和小组各成员见面，指出对CEO的要求是其既要有较强的决策分析能力，又要有很好的组织能力，并且有很强的责任心。在通常情况下，具有较强的人际交往能力和技术分析能力的同学将被确定为CEO。另外，班干部也是CEO的合适人选。

（4）初步分工

最后，以CEO为核心，集体决定正式的参赛团队队员并进行初步分工。

3.上一级比赛选拔团队成员的方法

各个代表队在选举上一级比赛团队成员时各有招数，现对一些基本方法阐述如下：

（1）取各组之优法

此法是将比赛时表现最好的各团队成员抽出来组成一个新的团队，以达到强强联合的目的。

优点：强强联手，团队的整体实力提高；团队的知识面加宽。

缺点：团队成员需重新磨合，因为每个成员都是佼佼者，容易互不服气、各持己见，无法很好地沟通，影响团队的整体战斗力。

（2）第一名法

此法是将比赛时的优胜团队选拔出来培训。

优点：团队成员不需重新磨合；取得过一次胜利，心态好。

缺点：容易被胜利冲昏头脑，墨守成规，固守以前的方案，不易吸收接纳其他方案；团队的整体实力不能得到提高。

（3）前两队竞争法

此法是将比赛时的前两个优胜团队选拔出来培训，两个队互相竞争，最后决定哪个队参赛。

优点：团队成员不需重新磨合；不能产生懈怠心理；容易接受更好的方案。

缺点：因为是否参赛尚未确定，有人会放弃努力；团队的整体实力没有得到提高。

当然，也可以在前两队中采用末位淘汰法选用人员组成团队。

虽然组建参加上一级比赛团队的固定完美的模式并不存在，但只要通过学生积极参与，采取公平、公开、公正的方式组织选拔参赛团队，落选的学生就不会有太多的抱怨。

（二）参赛队伍的管理

首先要选好教练，其次要处理好教练与队员的关系以及队员之间的关系，最后要注意对团队意识的培养。

1.对教练的要求

笔者认为教练应满足以下几个方面的条件：

（1）对ERP沙盘战略和战术有很深的研究。否则，在学生中没有有威望，也不能很好地指导学生提高成绩。

（2）有一定的组织和管理能力。将学生集合起来并加以培养，成为学生的主心骨。

（3）有亲和力和凝聚力，懂学生心理。对学生循循善诱，不仅在战略战术上予以指导，而且教学生如何做人。

2.教练与队员的关系

教练不要包办代替，要居高临下，点到为止。学生往往初生牛犊不怕虎，碰到意外或突发事件应变能力不足。所以，不要把自己的想法强加给学生，而是在理解的基础上让学生接受你的好思想，要培养学生独立处理问题的能力，要保留他们的棱角。

3.队员与队员的关系

在比赛过程中，小组成员间的相互信任与合作是很重要的，虽然会遇到一些难题，但都会在大家的共同协商、努力下得到解决，因此，队员之间的沟通变得十分重要。在选择战术或方法时，应争取得到团队的认可，否则，易造成执行上的偏差，或团队的瓦解；若实在不能达成一致，也得用事先商量好的决策程序解决。

分工协作是非常重要的。应该在决策前从自己所负责的方面提出建议，以利于形成正确的整体对策。一旦形成决议，就要形成"执行力"。

4.团队研究

对团队来说有如下两个方面值得研究：

（1）争论

在ERP沙盘大赛中，激烈的争论和尴尬的冷场都是家常便饭，有时甚至有学员拍案而起，怒目相向，不到比赛结束就不欢而散。如果没有良好的团队管理体系，我们不但会浪费宝贵的时间进行无谓的争论，还有转化为有害的个人偏见或产生过激行为的可能。

不同的同学会由于其不同的背景而形成不同的决策方案，而且他们常常无法就最优方案或满意方案达成一致，情况有二：一是由于紧张的学习和工作，在集体讨论时，团队成员可能还没有做好充分准备；二是每一位团队成员或大部分队员都已经有了一套完整的决策方案，但他们无法就最优方案或满意方案达成一致意见。

以上情况下笔者认为可采用如下对策：

①培养团队精神，使队员学会包容、忍让、妥协与沟通；

②事先制定一些决策程序，如对某问题僵持不下时超过两分钟就由CEO拍板决定或投票表决等。

一定要使队员清楚，我们的目的是要确保激烈的学术争论和良好的团队合作在我们的团队中和谐共存，把个性化分析与集体的智慧结合起来，用较少的时间做出高质量的决策，达到1+1>2的效果。

（2）成功公式

有着优良学习成绩或从商经验的人就一定领先吗？回答是否定的。实战中不乏号称全校"学习尖子"组成的团队全军覆没、折戟沉沙的例子。那么，如何才能力克群雄、脱颖而出呢？笔者认为参赛者应具备如下素质：

①智商

要具备灵活的头脑，实战中经常会出现一些意想不到的情况，要立即反应，找出对策。随机应变才能立于不败，处乱不惊才能急中生智。要善于把自己所学的专业知识应用到实战上。

②情商

团队中每个成员要注重情商的培养，使队员学会沟通和换位思考，从而加强团队合作，增强团队的凝聚力。

③财商

ERP沙盘比赛的核心问题就是资金问题，经常有企业不是因亏损而倒闭，而是因为资金断流而无法经营的例子。因此必须开源节流，这就需要有很好的理财观念或称之为财商。

④经验

有从商经验或以前参赛或有类似比赛经验，对比赛大有好处，这就是学识中的"识"，这需要靠平时的积累。

因此，我们的公式是：智商+情商+财商+经验=成功。只有很好地把各种因素结合起来的团队才能在沙场鏖战中胜出。

（三）训练方法

笔者认为训练方法包括赛前训练和赛后总结两部分，分述如下：

1.赛前训练的步骤

笔者认为赛前训练可按如下的步骤进行：

（1）收集资料

收集对手资料和大量案例，对其进行深入研究。

（2）研究规则

一定要对规则进行详细的研究，并注意比赛时规则的变化。有很多团队，方案极好，但因规则理解不透而失误，导致痛失战机而遗憾落败。

（3）学生自定方案

在大量研究资料的基础上，每位参赛队员拟定一套方案，教练给予指点。

（4）讨论方案，研究对手

对每位队员提出的方案，进行讨论，并研究收集到的对手资料，根据其特点修正队员的方案。

（5）修改各自方案

每位队员根据讨论的意见，对自己的方案进行修改。

（6）模拟比赛

每位队员各自用修改后的方案，进行模拟比赛，从而检验自己方案的优劣。

（7）方案选优

在教练的参与下，从每个队员的方案中，选出几个较好的，作为备选方案。通过讨论做进一步的改进。

这样的过程可能要进行几次，直到满意为止。

和选择代表队参加上一级比赛的选拔一样，方法也不是唯一的，有待于以后的不断摸索。

2.赛后总结

赛后要开讨论会以扩大战果，总结经验教训，写出书面材料，甚至写出论文，为以后参赛留下宝贵资料和数据。

平时绝不能"飞鸟尽，良弓藏"。要不断进行研究探索，积累资料，为下次比赛做好充分准备。

二、用一些替代品进行训练的方法

正式沙盘价格较高，有时不易取得，但仍能用一些替代品进行训练，下面列举一些方法。

1.纸片法

利用纸片或扑克、瓶盖、硬币等，可代替沙盘教具，进行练习。

2.列表计算法

利用表格和计算，亦可达到练习之目的。具体方法是在原来的表格基础上，再增加新表格，以反映盘面的情况，用表上作业，代替盘面作业。用Excel可以更方便地达到这些目的。

3.电子沙盘法

编制程序利用计算机进行模拟，编程可达到练习的目的。编程的工具可以简单一些，如利用Excel或VF。利用电子沙盘练习可节省大量时间，在方案选择上亦有不可比拟的好处。有时参赛者自己就有开发能力，可让其自行开发一些软件，以达到更好的练习目的。

使用以上替代方法的条件是，参加练习者必须使用过实物沙盘，否则没有实物沙盘的整体印象，效果不好。

● 第二节　战略和战术技巧

ERP沙盘培训课程和比赛，充满了挑战性。它在战略和战术上灵活多变，难以捉摸，没有固定的模式，但并非毫无规律可循。有必要对一些常见的战略和战术加以深入了解和研究，以使学员在实战中做到有的放矢，决胜千里。

一、战略技巧

在实战中，我们常用如下战略：

1.大额广告战略

按照比赛规则，为争夺市场领导者地位，多取得有利订单，各参赛队往往在进入某个新市场时，对该市场投入大额广告费，来争夺市场领导者的地位，以求达到先发制人、遏制竞争对手之目的。笔者认为采用这种战略时要注意三点：

第一，注意广告费投入要有一个限度。有时广告费过大会得不偿失，因为广告费和权益值是成反比关系的。

第二，要时刻关注对手的广告费投入情况。要对竞争对手的广告额有一个大概的估计，以免在投入额相同时造成两败俱伤，落得"赔了夫人又折兵"的下场。

第三，广告费投入要与产能相配合。在产能达到一定规模时，采用此战略较为适宜。

2.小额广告战略

与大额广告战略相反，此战略广告的投入产出比最大，但所取订单的毛利较小，容易造成产品积压，致使前期发展缓慢。

3.大额借贷战略

在第一年借入大额长期贷款，以备以后各年之用。理由是以后各年权益值可能急剧下降，再筹借时会有困难。这种战术有一定道理，采用者颇多。表6-1中的模拟公司即采用大额借贷战略，以保证经营中资金的需要，此公司在以后的经营中表现不俗。

表6-1　　　　　　　　　　　　**简易式资产负债表**　　　　　　　　　　单位：百万元

资产	期初数	期末数	负债和所有者权益	期初数	期末数
流动资产：			负债：		
现金		72	长期负债		120
应收款			短期负债		
在制品			应付账款		
产成品		12	应交税费		
原料		2	一年内到期的长期负债		
流动资产合计		86	负债合计		120
固定资产：			所有者权益：		
土地和建筑		40	股东资本		50
机器与设备		33	利润留存		16
在建工程			年度净利		-27
固定资产合计		73	所有者权益合计		39
资产总计		159	负债和所有者权益总计		159

4.先屈后伸战略

此战略前一段委曲求全，谨小慎微，忍气吞声，韬光养晦，缩小广告投入，减慢研发速度，背地里却摩拳擦掌，多建设备，多储资金，蓄势待发；后段大刀阔斧，突飞猛进，一路高歌，后发制人。这种战术颇有道理，符合市场订单前期量小，后期量大的特点，往往能产生石破天惊的奇效，体现了欲先取之，必先予之的儒家思想，但要注意掌握好转折的时机和维持前段的存活空间。

5.突发奇兵战略

此战略前段平淡无奇，相貌平平，最后一两年突发奇兵，如占领国际市场，卖出大量产品或研发和生产出高价产品等，从而大幅度提高权益。此法可麻痹敌人，使其产生错误判断，放慢脚步，裹足不前，而我们则出奇制胜，毕其功于一役。此战略体现了"实则虚之，虚则实之"的孙子兵法思想，但只是短期冲高，上扬幅度有限，若遇同样战术者必然两败俱伤。表6-2中A公司即采用此战略，在第五年占领国际市场，从而在第六年权益值超过对手夺魁。

表6-2   各公司权益值对比表

公司	起始年	1	2	3	4	5	6
A	66M	39M	26M	23M	47M	74M	126M
B	66M	39M	21M	40M	60M	82M	98M
C	66M	44M	24M	40M	44M	56M	111M

6.规避竞争战略

此战略尽量减少两军相争，人弃我取，忍气吞声。如别人不要国际市场，则我们占领之；别人不生产某产品如P4产品，则我们生产之。此战略有可取之处，但缺少对竞争对手的遏制，且由于开发的是非主流市场或产品，开发时不是费用大就是周期长，因此也会步履维艰。参见专营战略中例子（见表6-3）。

表6-3   某公司历年订单汇总表1

年份	P1			P2			P3			P4		
	收入	数量	成本	收入	数量	成本	收入	数量	成本	收入	数量	成本
1	6M	1	2M									
2	20M	4	8M									
3	23M	5	10M									
4							34M	4	16M			
5							53M	6	24M			
6							38M	4	16M			

7.专营战略

专营战略是指以一种产品为主进行生产，以减少开发费用及其他开销。该战略可集中全力，但竞争面狭窄，没有考虑产品的生长周期和市场的需求量等因素，不易取得市场领导者的地位。

表6-3是某公司历年订单汇总表，前三年专营P1产品，后三年专营P3产品，历年收入总额太少，只能苟延残喘。

8.兼营战略

与专营战略相反，此战略较为稳妥，但会增加开发费用和其他费用开支。表6-4是一个兼营战略例子，P1的转产、P2的开发和P3的开发逐步完成，错落有序，在实战中成绩斐然。

9.倒短贷战略

由于短贷利率较低，利息损失较少，有人采用滚动借入短贷的方法筹集资金建生产线。这种方法有诸多可取之处，但要注意使权益保持在一定的水平之上，每季都要精打细算，如履薄冰，谨小慎微。期初可考虑购入大厂房（有的比赛规则规定初始年只有创办资金，见附录2），同时放缓新产品和新市场的开发速度。

表6-4   某公司历年订单汇总表2

年份	P1			P2			P3			P4		
	收入	数量	成本	收入	数量	成本	收入	数量	成本	收入	数量	成本
1	16M	3	6M									
2	19M	4	8M	15M	2	6M						
3	15M	3	6M	64M	7	21M	47M	6	24M			
4				66M	8	24M	37M	4	16M			
5				84M	11	33M	41M	5	20M			
6				38M	6	18M	87M	10	40M			

10.临场应变战略

临场应变即指事先不作规划，只靠临时根据竞争对手的情况采取相应对策，以无招胜有招。临场应变是武术中的最高境界，但在沙盘中应用此战略时缺少整体规划，容易产生较大失误。

在实战中，还可以创造无数种战略，也可以把以上战略结合使用，这也体现了ERP沙盘的博大精深之处。

二、战术技巧

商场如战场，在战术上要重视敌人，这样才能做到知己知彼、百战不殆。ERP沙盘不仅在战略上值得推敲，战术上亦有诸多奇巧之处，下面试对一些战术进行剖析。

1.中途转产战术

中途转产战术是指在一种新产品研制出来后，原来生产某产品的设备转而生产这种新产品，以提高单机生产率。这种战术体现了经营上灵活多变的特点，可以使权益值提高一些，不失为一种好的战术。此战术最好应用在柔性生产线和手工生产线上，因其无转产费用和转产周期，在其他设备上亦能施行，只要从长远看新产品产值总和大于老产品产值总和即可。表6-5是一个反面例子，将P1产品一直生产到最后，思想僵化。

表6-5   某公司历年订单汇总表3

年份	P1			P2			P3			P4		
	收入	数量	成本	收入	数量	成本	收入	数量	成本	收入	数量	成本
1	11M	2	4M									
2	15M	3	6M									
3	15M	4	8M				57M	7	28M			
4	43M	10	20M				50M	6	24M			
5	19M	4	8M				43M	5	20M			

2.卖大厂房筹资战术

有两种情况，一种情况是事先做好规划，有计划地卖出大厂房，等应收账款收回时上生产线。此乃妙绝之笔，实属典范。另一种是运营资金枯竭，并且借贷额度不够、筹资困难，为避免破产，不得已变卖大厂房。因为要立即得到现金，还要进行贴现，之后还要租赁厂房支付租金以维持生产，因此此做法是临渴掘井、砸锅卖铁。

3.抢上手工线战术

在计分评比的情况下，最后一期可买入小厂房，并建一些手工线，在最后一季使其有在制品。这样可多取得一些分数。当然，要有足够的资金做后盾。

4.速卖手工生产线战术

若企业出现在第一年拿到的订单少于3个的情况，可立即将3个手工生产线卖掉。这样可减少折旧费用和维修费用，同时倒出机位，在增加设备数不多于5个时不必过早考虑租入或购入小厂房的问题，这样也缓解了早期各项经营资金不足的问题。但要注意卖出手工生产线时应立即上马新的生产线，以补充总产能的不足。表6-6综合费用表（节选）中其他项为3M表明第一年卖掉3个手工生产线，设备维护费只需1M，空出的机位可上产能高的生产线，为以后的经营打下良好的基础。

表6-6   综合费用表

年　　份	设备维护费	其　　他
1	1M	3M

三、战略战术的选用原则

以上战术和战略方法各有利弊，实战时都可采用，也可同时采用几种，选用时要根据比赛规则进行选择。

1.权益原则

权益是比赛规则中评分的首要判定标准。一般情况下，模拟企业的经营者在决策时要以它为核心进行决策。但当企业遇到特殊情况时，要根据具体情况酌情考虑。如企业有时为了求发展可能要卖掉厂房，这虽会造成加分的减少，但权衡时应以发展为重，不要太注重计分标准而忽视了企业的发展。

2.均衡、合理原则

如在借入贷款时，不要一次借入一大笔费用，要有节奏、有规律地隔一定时期借入，以免造成以后某时还款压力过大，不堪重负。在进行其他投资时亦应量入为出，如产品研发、市场开拓及ISO认证的投资也要合理地规划，循序渐进。

3.规避竞争和勇于竞争相结合原则

谁赢得了竞争谁就会取得较大的发展，同时也会遏制竞争对手的发展，达到一箭双雕的目的。若想竞争取胜，不仅要分析市场和产品，更要与其他参赛者博弈，分析对手。这时可以去察看对方的盘面，如察看对方的产品库存、生产线、市场开发等状况，估计他们的主打市场及产品。刚开始出去察看其他企业盘面时，有时可能无目的、无针对性，其实每个人应负责一方面，这样才能有比较，才能"知己知彼"，为决策提供参考。市场是瞬息万变的，变化增加了竞争的对抗性和复杂性，有时则要通过规避竞争以保护自己。

4.整体考虑、注意联系原则

一定要对企业的发展有一个长远规划，使得企业的发展处于主动之中。同时注意某些事务的内在联系，如产能和产品的生产周期、维修费等之间存在着内在联系，原材料的采购、厂房及生产线的购买和配置存在着内在联系等。

5.随机应变原则

兵无定法，水无常形。当竞争对手战略或战术发生变化时，我们亦对自身的战略或战术进行调整，在实际参赛时，要根据实际情况及时调整，以适应比赛的需要。

6.团队认可原则

在比赛过程中，小组成员间的相互信任和合作是很重要的，虽然会遇到一些难题，但在大家的共同协商和努力下仍会得到解决。在选择战术或方法时，应争取得到团队的认可，否则，易造成执行上的偏差或团队的瓦解；若实在不能达成一致，也得用事先商量好的决策程序解决。

分工协作是非常重要的。应该在决策前从自己所负责的方面提出建议，以利于形成正确的整体对策。一旦形成决议，就要形成"执行力"。

总之，以上战略和战术各有千秋，都有闪光之处，在实战时可根据实际情况灵活采用。企业经营永远也没有固定的模式，只有一样是不变的，那就是变化。只有不断创新，勤于探索，才能在沙盘鏖战中立于不败之地。

● 第三节 参训者战略和战术技巧经验总结

参训者在参训后都有很多感悟，这些肺腑之言都是亲身感受，所以寓意深邃，具有较好的启迪性和可操作性。我们在这一节中选录了一部分参赛同学的感想体会，以供学员在以后的学习中借鉴。

ERP沙盘模拟大赛攻略秘籍

当自己第一次接触到ERP沙盘时，便情不自禁地爱上了这项活动。在这项活动中自己找到了那种在没有硝烟的战场上厮杀的快感；见识到那种运筹帷幄之中，决胜千里之外的智慧；也经历了一招不慎，满盘皆输的惨痛；更体味到那种置之死地而后生的幸运；也第一次将自己的所学运用于实践，并见效果。个中甘苦，实在让人回味悠长！

下面是笔者通过和多位ERP沙盘高手、指导教师交流探讨后，加上一点自己的研究总结出的一些规律性知识，称作"秘籍"纯粹是一种游戏的叫法。希望这些东西能给ERP沙盘爱好者以实质性的帮助，同时也欢迎大家提出异议，相互切磋，相互进步，为推广这项活动而共勉。

（一）整体策略篇

俗话说："凡事预则立，不预则废"，"未曾画竹，而已成竹在胸"。同样，做ERP沙盘模拟前，也要有一整套策略成型于心，方能使你的团队临危不乱，镇定自若，在变幻莫测的比赛中笑到最后。

策略一 力压群雄——霸王策略

策略介绍：在开赛初，筹到大量资金用于扩大产能，保证产能第一，以高广告策略（后面有详细介绍）夺取本地市场领导者地位，并随着产品开发的节奏，成功实现P1向P2、P2向P3的主流产品过渡。在竞争中始终保持主流产品销售量和综合销售量第一。后期用高广告策略争夺主导产品的最高价市场的领导者地位，保持权益最高，使对手望尘莫及，难以超越，最终直捣黄龙，夺得头筹。

运作要点：运作好此策略，关键有两点：一是资本运作，使自己有充足的资金用于产能扩大，并能抵御强大的还款压力，使资金运转正常，所以此策略对财务总监要求很高；二是精确的产能测算与生产成本预算，如何安排自己的产能扩大节奏，如何实现零库存，如何进行产品组合与市场开发，这些将决定着最终的成败！

评述：采取霸王策略的团队要有相当的魄力，要像当年霸王项羽那样，敢于破釜沉舟，谨小慎微者不宜采用。此策略的劣势在于如果资金或广告在某一环节出现失误，则会使自己限于十分艰难的处境，过大的还款压力，可能导致自己破产，像霸王那样自刎乌江，所以此乃高风险策略。

策略二　忍辱负重——越王策略

策略介绍：采取此策略者通常有很大的产能潜力，但由于期初广告运作失误，导致权益过低，处于劣势地位。所以在第二、第三年不得不靠P1维持生计，延缓产品开发计划，或进行P2产品开发，积攒力量，度过危险期。在第四年时，突然推出P3或P4产品，配以精确广告策略（后面有详细介绍），出其不意地攻占对手们的薄弱市场！在对手忙于应对时，自己早已把P3、P4的最高价市场把持在手，并抓住不放，不给对手机会，最终称霸中原。

运作要点：此策略制胜的关键点首先在于广告运作上，因为要采取精确广告策略，所以一定要仔细分析对手情况，找到他在市场中的薄弱环节，以最小的代价夺得市场，减少成本。其次是现金测算，因为要出奇兵（P3产品或P4产品），但这些产品对现金要求很高，所以现金测算必须准确，到时现金断流倒在其次，关键是完不成订单导致遭罚，那将前功尽弃，功亏一篑。

评述：越王策略，不是一种主动的策略，多半是在不利的情况下采取的，所以团队成员要有很强的忍耐力与决断力，不要为眼前一时的困境所压倒，要学会"好钢用在刀刃上"，节约开支，降低成本，先图生存，再想夺占！

策略三　见风使舵——渔翁策略

策略介绍：当市场上有两家实力相当的企业争夺第一时，渔翁策略就派上用场了，首先在产能上要努力跟随前两者的开发节奏，同时内部努力降低成本，在每次新市场开辟时均采用低广告策略，规避风险，稳健经营，在双方两败俱伤时立即占领市场。

运作要点：第一，力求一个稳字，即经营过程中一切按部就班，广告投入、产能扩大都是循序渐进，逐步实现，稳扎稳打。第二，要利用好时机，因为时机是稍纵即逝的，对对手一定要仔细分析。

评述：渔翁策略在比赛中是常见的，但要成功一定要做好充分准备，只有这样才能在机遇来临时，一下抓住，从而使对手无法超越。

（二）广告策略篇

如果将CEO比作统兵元帅的话，那么营销总监无疑便是攻城拔寨的先锋。为将者无利器焉能杀敌，所以笔者总结出了广告三大利器，赠与各位营销总监，愿能助各位一臂之力。

利器一　亮银枪——高广告策略

枪在古代战场中，以打击范围广、杀伤威力大而著称，一直被古今名将所独钟，这也正好符合高广告策略的特色，高广告策略通常是在某个市场第一次开放式采用，利用高过对手2~3M的广告费,夺取市场的最大订单,成为市场的领导者,同时使其他的对手相互竞价,相互损耗。当然,高广告策略并不是指漫无目的地瞎投,浪费资金。高广告最高投多少,一直存在着争议,笔者认为要适当分析对手的情况,以净收益高过其他五家中最高的1M为底线。例如,净收益最高的对手为8M(26-10-8),那么你的高广告投放最高限为13M(36-14-9),再高就不合算了。和长枪一样,一旦近身则威力大减,所以高广告策略在市场开辟后的作用就不大了,但是在竞争最高价市场时,还是可以显示威力的。

利器二 小李飞刀——精确广告策略

小李飞刀,以刀无虚发,一刀毙命为特点,同样,精确广告策略也以不浪费一分钱而实现零库存为目的。此策略对营销总监要求很高,一要准确预测市场;二要准确预测对手,如预测某个市场订单较多,则应努力争取,如预测某市场订单较少,还有附加的要求,则应放弃,选择重点市场,最终做到每1M都能收到成效。

利器三 齐眉棍——低广告策略

棍在打斗中,以打击范围广,使用方便为特点,低广告策略也具有以上特点。低广告策略以投入少,风险低为特点,多为那些想保存实力、节约成本的企业采用。通常在某些市场,只投入1M的广告,便拿到订单,维持生产。但其也像大棍一样,打击面虽广,却杀伤力小。低广告策略,多为一种防御的策略,不利于争夺市场,建议其配合精确广告策略应用。

(三)五个锦囊

作为营销总监不光要有勇还要有谋!所以笔者额外赠送五个锦囊作为应急之备!

1.柔性生产线宜早上

柔性生产线的价格是所有生产线中最高的,但其优越性也是最明显的,没有转产期,没有转产费,可以使你在最快时间见到效益。在前三年,可使你在四种产品间灵活周转,从容对待市场的变化,而后几年产品转产几率降低,主营P2产品、P3产品较普遍,再上柔性生产线则作用不明显,同时还会增加现金压力,所以如果打算购置柔性生产线的话,宜早不宜晚。

2.敢于卖掉大厂房

对于大厂房很多人是不主张卖掉的,但是当企业处于困境,尤其是采用越王策略和渔翁策略时,就不该犹豫了,俗话说:"舍不得孩子套不来狼。"这是东山再起的唯一机会,必须敢于舍弃,待日后再将其买回。

3.专营制胜

所谓专营是指改变常规的P1产品、P2产品、P3产品、P4产品循序渐进的开发步骤,跳过P2产品,直接开发P3产品,在第四年后开发出P4产品补充的策略,出奇制胜。例如,上面提到的越王策略,通常都是利用专营策略,在前一两年用P1产品维持生存,在第三年推出P3产品,产能通常是对手的一倍,在P3产品上的竞争力无人能及,并抢占有利市场,因为对手此时生产P2、P3两个产品,在单项产品P3上无法与你抗衡。在第五年时推出P4产品,此时对手多在进行P2产品向P3产品的转产,或研发P4产品,于是你再次抢占先机。最终使对手无力应对,夺取胜利。然而要采用此策略一定要考虑好广告策略和P3市场的总容量,避免生产过剩、拿单过少而导致库存过大、现金断流。

4.手工生产线救急策略

当想出奇兵，但产能却与对手相近时，可以采用此策略。例如，第四年时你的P3产品产能是6个，对手也为6个，而对手还是某个市场的领导者，而你想扩大产能而购进的全自动生产线和柔性生产线却要一年后才能生产，你可以于年初买进2~3条手工生产线，当年生产出P3产品就卖掉生产线。这样算算，购进手工生产线1条花费5M，卖掉后收回1M，生产1个P3产品的净利是4.5M~5M，可见3条生产线虽然不怎么赚钱但却使你的产能扩大到8~9个，帮你夺回市场领导者地位，使下一年广告费降低，并狠狠地打击了对手。

5.敢于放弃鸡肋市场

很多团队一旦成为某个市场的领导者，便把它保持到底，其实这是个误区，因为在不同时期你的主导产品是不同的，一般第一、第二年是P1产品，第三、第四年是P2产品，第五、第六年是P3产品，而同一时期不同市场的差价是很大的。所以，优秀的团队会去争夺主导产品的最高价市场的领导者地位，从而增加自己的净收益。一般说来，主导产品P1产品第一、第二年最高价市场为本地市场，第三、第四年的P2产品最高价市场是本地市场与国内市场，第五、第六年的P3产品最高价市场为本地市场与区域市场，第五、第六年的P4产品最高价市场为亚洲市场。

（四）五大忠告

最后把自己和队友们以前出现过的失误总结成五大忠告，望各位牢记在心，莫要重蹈覆辙。

第一条，生产线不宜闲置。

第二条，国际市场要谨慎开发，尤其不宜过早开发。

第三条，ISO 1400要谨慎开发，通常用途很小，耗资还较大。

第四条，P4产品要谨慎开发，一般不需要开发。

第五条，第四年后库存量不宜过大，过大的库存会使你面临巨大的现金压力。

作者：李子鹏

ERP沙盘对抗赛实录及总结

以前只知道ERP，但是从来没接触过，自从参加了学校举办的第一场ERP沙盘模拟大赛以来，到现在不知比了多少场比赛，也不知道做了多少方案，在如游戏般的比赛中，我深切体会到了企业经营的灵活性。小小的沙盘可以模拟无数种经营策略，这是我始料不及的，这也是我对它着迷的原因之一。

以下是我从组队参加校内选拔赛到省决赛后的一些记录和总结，希望能跟ERP沙盘的学习者探讨。

（一）形成团队

首先是我自己，我本身是学财务的，但平时对企业经营就比较感兴趣，看了很多这方面的书，因此对营销、生产和物流方面的东西也比较熟悉，我觉得做CEO比较合适。财务和生产方面计算的东西比较重要，必须找懂财会的同学，于是我从财务系找了一个财务总监，从会计系找了一个生产总监，营销总监和物流总监是来自营销系的。

在校内选拔第一轮比赛结束后，我们组的成绩只能算是中游，但在这期间我有幸得到老师的青睐，参加了校队。我非常希望参加省决赛，但是原来的团队肯定是不行的，所以我决定重新组建一支队伍。

这次选了四个人，CEO和财务总监不变，生产总监和营销总监从第一轮比赛成绩第一的团队中选出。我们几个人比较熟悉，在一起能争论，我希望他们能听从指挥，但是又要有自己的意见，不能在我坚持错误意见的时候，默认我的做法。事实证明我们团队完全达到了这种效果，好多创意都是他们想出来的，正因为这些创意，我们做了很多的方案，这又使得我们对沙盘有了更深的了解。

在老师确定参加决赛名单时，为我们加了一个营销总监，因为他对市场和订单的分析比较精细，于是原来的营销总监改做物流总监，参赛团队正式形成。

（二）决赛记录

我们团队正式代表学校参加第三届用友杯大学生ERP沙盘对抗赛吉林省总决赛，我们每个人都很兴奋，毕竟我们向目标又前进了一步。

赛前，我们做了精心准备，掌握了很多资料，并拟订了多套方案，但是比赛前一天下午，突然得到消息，比赛时间由6年改为5年，时间变了，原定方案就不能派上用场了，晚上回去后，我们小组马上研究新的方案，在以前的训练中，由于我们组最善于创新，往往出奇制胜，但是每做出一个有杀伤力的方案，马上就会被对手复制过去，最后因为方案雷同，往往是两败俱伤。而在这次决赛中就有两个院校是曾经的训练伙伴，因此我们决定避开他们。估计他们仍然会采取最后一套方案，要最终胜出，就必须做出另外的方案。

以前，指导老师曾经提醒我们可以做单一产品战略，但是被我们否决了，因为单一产品风险大，而且不会争得市场领导者的地位。这次改为五年十组，我们决定试一下，结果只模拟了三年，威力就出来了，于是我们就决定了用这套方案。

根据以前的资料，只要第五年权益值达到80就能稳拿第一，由于是晚上，我们匆匆做了两遍，确信能达到这个数字后，就回去休息了。

比赛时，开始我们做得非常顺利，当别人大刀阔斧上生产线时，我们却把厂房卖了，租小厂房，生产线也全卖光了，到第二年末，我们经营的企业没有一条生产线能够生产产品，因此在年末观摩的时候，好多组都摸不着头脑：这个组在干什么？老师也说别人是排山倒海般的生产能力，你们却冬眠了。其实这正是这个方案的精华所在，前两年控制权益值不低于20，以后生产就顺利了。

果然，到了第三年，我们就翻盘了，权益值比我们预计得还要好，但是其他组的权益值也是不错的，根据分析，我们认为原定80的权益值就能得第一，恐怕很难了。因为现场的各队各有特色，没有雷同方案，不会形成恶性竞争，因此发展得都不错。我们感到了一点威胁，于是改变预算，原来是在两条生产线的基础上再上一条，现在决定再上三条生产线。第三年结束的时候，我们非常顺利，胜利果然是这么简单啊，哈哈，我作为CEO从开始就告诉队员我们是第一，他们也相信我们会得第一，每个人都很开心。我们是现场最轻松的队，无限自豪啊，想到就要代表吉林省各高校参加全国总决赛，我也是心花怒放了。

第四年开始了，年初拿了大量订单，产品全卖出去了，销售额空前高涨，广告费却寥寥无几，在有这么多应收账款的情况下，我们每个队员都认为前景无限好，因此看到厂房的空机位，我征求了几位总监的意见，是不是再扩大生产，他们一致同意，由于货还没交，我们财务总监做预算比较困难，于是我决定不做预算，直接上两条生产线，结果只做了两季，现金就面临断流的危险，因为P4对现金的要求太高了。幸好有应收账款，我们开始贴现，大家都认为，就是支付贴现费，也要继续上这两条生产线，因为它来年产生的利润会弥补回来。但是，更严重的现金流危机出现了，第四年第四期期初有短期贷款到期，期末又有长期贷款到期，本来就很紧张的现金流，现在更是紧张了，为了维持生产，只好把所有的应收账款都贴现了，这一年算是熬下来了，现金只剩7M了。

第五年年初投广告费，我们没钱了，但是无论怎样，广告费一分钱也不能少，把生产出的产品卖掉就有胜利的希望，于是营销总监最终确定20M的广告费。期初有20M短期贷款到期，所以我们借了高利贷30M，并把仅有的一点应收账款也贴现了。这是经营的最后一年，我们与第一名的差距在15M左右，我们坚信我们山呼海啸般的生产能力可以追回来，但是非常不幸，山呼海啸般的生产能力需要的是滚滚长江般的现金流出，我们似乎离不开贴现了，收到应收账款，马上去贴现，这一年的销售收入是297M，贴现的就有126M，天哪，我们两年支付的贴现费用比有的组做五年的权益值还高，噩梦结束了，我们最终权益值是93M，第三名，而第一名是111M。

（三）得失总结

从参加第一场比赛到决赛，有一个月的时间，期间我们做了大量的比赛，有得有失，当然得永远大于失。失去的是参加全国决赛的机会，得到的却是无穷的。

1.财务

（1）长期贷款——若开始就决定拿第一，长期贷款必不可少。我见过有的团队为了在第六年不用还长期贷款而不愿在第一年借长贷，或者是借很少，如果你不借长贷，怎么能建大量生产线呢？而且长期贷款的用途就是投资固定资产，没有强大的生产能力，怎么能争第一呢？除非别人都破产了，但在正式比赛中，大家都很谨慎，很少出现破产的情况。再说，如果你确信你能拿第一，最后肯定有花不完的钱，还长贷算什么？第一年比第二年长贷的数量多一倍，虽然多支出了利息，但是能保证你资金不断流。有了强大的生产能力，才能大干一场，你拿第一的愿望才有可能会实现。

（2）短期贷款——短期贷款的用途是弥补正常生产时的现金短缺问题，千万不要拿来做固定资产投资，如果你能马上贷到长贷还好，否则你只有一条路可走了——回家。我们在做的时候尽量分开借，比如第四期需要40，我们都会安排提前在第三借20，第四期再借20，好处就是一次还40压力太大，而还20就容易得多，表面看来，提前借短贷要提前支付利息，但是相对还不上短贷而去贴现或者借高利贷来说，优势很明显，这个你做一次就明白了。

（3）贴现——在现实的企业经营中，贴现是正常的，也是常见的一种融资方式，但是在沙盘中，贴现对企业经营的影响很大。应收账款就那么多，你拿去贴现了，将来缺钱怎么办？也就是你把将来的钱拿到现在来用，将来就不会有应收账款收现。贴现会使财务费用增加，而财务费用增加会使权益下降，权益下降会使贷款困难，这是恶性连锁反应，我们在比赛中就是这样失败的。所以尽量避免贴现，如果你能保证少贴现一点渡过难关也是可以的，但是贴现太多就不可取了。

（4）卖大厂房——卖大厂房是获得现金的一个方法，缺点是要贴现，还要另外支付厂房租金，不是很缺钱的情况下不要采用。我认为在你权益值高的时候缺钱可以卖大厂房，但是权益值不高就不要用，因为厂房卖掉要贴现还要支付租金，权益值当年会下降10M，这可是很大的一个数字，做不好就会破产了。

（5）高利贷——在长贷和短贷限额都用完的情况下，如果不想贴现和卖大厂房，可以考虑高利贷。高利贷在正式比赛中利息很高（30%），而且要罚分，一般很少有人采用，但是在迫不得已的情况下，它还是有很大作用的。像我们参加决赛的时候如果当时大胆借高利贷，权益值会上升更多。我们当时应收账款很多，就是不敢借高利贷，怕罚分，所以主要靠贴现来维持生产，结果陷入了前面我说的恶性循环中。其实如果你的应收账款多的话，借点高利贷是不会影响很大的，高利息也很容易支付。

2.广告

（1）大额广告——第一年凭大广告拿到市场老大，保持，之后再扩大产能，以本地为主，四面出击，比赛时用这种方案取得胜利的很多，但是也有自己广告投得多，别人投得更多，结果损失惨重的情况。所以一旦你决定采取大广告策略，就不要怕浪费那几个广告费了，志在必得，不成功，便成仁。在竞争不激烈的情况下，怎么都行，要是竞争激烈，有的团队成功是因为大广告，有的团队失败也是因为大广告。

（2）小额广告——开始采用小额广告，拿小订单，早交货，早收钱，然后卖手工线，建全自动，不用像取得本地领导者地位那样，为了保持地位而畏手畏脚，我们一般是采取这种方式，配合以后市场和产品的组合，效果特别好。

（3）适当广告——这种方式不以抢市场为主，目的只有一个——以最好的价格卖产品。在省决赛时，有一个团队采取了这种策略，最后取得第一，与这种广告策略不无关系。但这种广告策略的缺点是在竞争激烈的情况下，你将不得不提高广告费用，并且产品也不一定能卖出去。

3.市场全开和选开

市场开几个是适当的并没有定论，主要看你采取什么样的战略。我们基本上是全开，为的是分散风险，而且不同年份、不同产品在不同市场上价格不一样，你可以挑好的市场来卖产品。当然，我也见过选开市场取得胜利的团队，他们一般都是选好了市场，抢到老大，保持住，这种做法也有可取之处。

4.产品兼营和专营

兼营风险小，可以随机应变。如果你生产的产品竞争激烈，可以采取转产的方式来生产别的产品，避免拼广告卖产品，两败俱伤。而专营则节省研发费，只研发一种产品，也可以节省广告费，最明显的例子就是专营P4，但是一定要分析市场需求，确保你生产的产品能卖得出去。假如你专营P4，全部生产线都生产P4，产能很大，市场需求却有限，更糟糕的是，别的组也生产了P4，那你只有守着一堆卖不出去的产品发愁了。当然你也可以专营P2或者P3，也可以以某种产品为主，其他为辅，还有其他的组合。虽然就这几种产品，变换却是无穷的，有创造力的团队往往能出奇制胜。

5.生产线

（1）柔性——柔性生产线的优势不用说了，大家都喜欢，但又担心价格高，折旧高。我们的经验是，如果采取兼营策略，并且要频繁转产的话，就上柔性，一到两条，最多两条，就可以保证产品零库存。在选单时可以根据市场情况灵活调整，因此对营销总监要求特别高，千万不能计算失误，拿了不该拿的单，否则一旦违约，损失惨重。还有，物流总监也要针对柔性生产线灵活地预订原料，特别是P3和P4原料，这些任务在拿单前就应弄明白。

（2）全自动——这是比较通用的做法，新建生产线就是全自动，生产周期短，但是转产就麻烦了，要停产还要产生转产费。如果确信不要转产，全自动无疑是最好的。

（3）半自动和手工——我们曾经做过一个方案，不上全自动线，新建全部为半自动线，前三年效果非常好，但是产能太小了，到了第四年，建全自动的团队，很快就反超了。半自动和手工也有其优点，如果运用得当，效果显著。例如，在省决赛时，有一个团队缺席，多出的那个订单第一广告团队不敢要，而另一个团队就新建一条手工线，用不是最多的广告费抢走了市场领导者地位。

6.认证

ISO 9000在后几年需求比较多，特别是后两年，但是在有的市场就表现不明显，这要靠精确的市场分析来预测。运用得当，便可以用较少的广告拿到如意的订单。而ISO 14000需求少，很少有人认证，如果你要认证的话，可以得到有这些要求的单子，不过一定要做好分析，否则既浪费研发费又浪费广告费。

以上是我在省决赛失利后就以前的经历所做的总结，第一部分主要是让大家看一下团队是如何组建的，虽然中间也有不合理的地方，但是毕竟是有意识的，而不像很多团队，就是几个人比较要好，凑在一起来参加比赛，他们是不可能取得胜利的，因为比赛要求的虽然是团队合作，但队员也要有一定的知识积累和认真的态度。第二部分是让大家看一下比赛的情况，选取的决赛案例比较有代表性，能体现比赛的灵活性和难度。希望读者能从我们失败的经历中感悟到一些我感悟不到的东西。第三部分就是总结，很多都是指导老师和我们团队在训练以及比赛时默认的做法，我整理出来，目的是抛砖引玉，对初学者有所帮助。

其实沙盘的灵活性很大，不是说你掌握了多少规则和技巧就会赢的，把别人的经验融入到自己的行动中，有所创新，灵活多变，特别是在市场变化了的情况下，更是要求你对沙盘有比较透彻的了解，才能立于不败之地。

最后的话：如果你决定参加ERP沙盘比赛，就要好好研究它，多学习别人的得失经验，用十二分认真的态度来做，如果你能把沙盘模拟和现实结合起来，相信你对企业运营的理解会更上一层楼，这对将来是有极大的益处的。

作者：董建喜

竞争规则

　　企业是社会经济的基本单位，企业的发展要受自身条件和外部环境的制约。企业的生存与企业间的竞争不仅要遵守国家的各项法规及行政管理规定，还要遵守行业内的各种约定。在开始模拟竞争之前，管理层必须了解并熟悉这些规则，才能做到合法经营，才能在竞争中求生存、求发展。

　　（一）企业经营的本质

　　企业是指从事商品生产、流通和服务等活动，为满足社会需要和盈利需要，进行自主经营，自负盈亏，具有法人资格的经济组织。

　　经营是指企业以市场为对象，以商品生产和商品交换为手段，为了实现企业的目标，使企业的投资、生产、销售等经济活动与企业界的外部环境保持动态均衡的一系列有组织的活动。

　　企业是一个以营利为目的的组织。企业管理的目标可概括为生存、发展、盈利。

　　1.企业生存

　　企业在市场上生存下来的基本条件：一是以收抵支，二是到期还债。这从另一个角度告诉我们，如果企业出现以下两种情况，就将宣告破产。

　　（1）资不抵债

　　如果企业所取得的收入不足以弥补其支出，导致所有者权益为负时，企业破产。

　　（2）现金断流

　　如果企业的负债到期，无力偿还，债权人会来敲你的门，企业就会破产。

　　在模拟经营中一旦破产条件成立，请指导教师裁夺。一般可能有三种处理方法：其一，如果企业盘面能让股东/债权人看到一线希望，股东可能增资，债权人可能债转股；其二，企业联合或兼并；其三，破产清算。

　　2.企业盈利

　　企业经营的本质是股东权益最大化，叫盈利。而从利润表中的利润构成不难看出盈利的主要途径一是扩大销售（开源），二是控制成本（节流）。

　　（1）扩大销售

　　利润主要来自于销售收入，而销售收入由销售数量和产品单位两个因素决定。提高销售数量有以下方式：

　　①扩张现有市场，开拓新市场；

　　②研发新产品；

③扩建或改造生产设施，提高产能；

④合理加大广告投放力度，进行品牌宣传。

提高产品单价受很多因素制约，但企业可以选择单价较高的产品进行生产。

（2）控制成本

产品成本分为直接成本和间接成本。

①降低直接成本

直接成本主要包括构成产品的原料费和人工费。在ERP沙盘模拟课程中，原料费由产品的BOM结构决定，在不考虑替代材料的情况下没有降低的空间；用不同生产线生产同一产品的加工费也是相同的，因此在ERP沙盘模拟课程中，产品的直接成本是固定的。

②降低间接成本

从节约成本的角度，我们不妨把间接成本区分为投资性支出和费用性支出两类。投资性支出包括购买厂房、投资新的生产线等，这些投资是为了扩大企业的生产能力而必须发生的；费用性支出包括营销广告、贷款利息等，通过有效筹划是可以节约一部分的。

（二）市场规则

企业的生存和发展离不开市场这个大环境。谁赢得了市场，谁就赢得了竞争。市场是瞬息万变的，变化增加了竞争的对抗性和复杂性。

市场是企业进行产品营销的场所，标志着企业的销售潜力。目前企业仅拥有本地市场，除本地市场之外，还有区域市场、国内市场、亚洲市场、国际市场有待开发。

1.市场开发

在进入某个市场之前，企业一般需要进行市场调研、选址办公、招聘人员、做好公共关系、策划市场活动等一系列工作。而这些工作均需要消耗资源——资金及时间。由于各个市场地理位置及地理区划不同，不同市场的开发所需的时间和资金投入也不同，在市场开发完成之前，企业没有进入该市场销售的权利。开发不同市场所需的时间和资金的具体规定如表1所示。

表1　　　　　　　　　　　　　　**市场开发说明表**

市场	开发费用/M	开发时间/年	说　明
区域	1	1	①各市场开发可同时进行
国内	2	2	②资金短缺时可随时中断或终止投入
亚洲	3	3	③开发费用按开发时间平均支付，不允许加速投资
国际	4	4	④市场开拓完成后，领取相应的市场准入证

2.市场准入

当某个市场开发完成后，该企业就取得了在该市场上经营的资格（取得相应的市场准入证），此后就可以在该市场上进行广告宣传和争取客户订单了。

对于所有已进入的市场来说，如果因为资金或其他方面的原因，企业某年不准备在该市场进行广告投放，那么也必须投入1M的资金维持当地办事处的正常运转，否则就被视为放弃了该市场。再次进入该市场时需要重新开发。

销售预测和客户订单是企业生产的依据。销售预测从商业周刊得到，对所有企业而言是公开而透明的。众所周知，客户订单的获取对企业是至关重要的，因此营销总监要熟悉以下事项。

（1）销售会议

每年年初，各企业会派出优秀的营销人员参加客户订货会，投入大量的资金和人力做营销策划、广告展览、公共关系、客户访问等，以使本企业的产品能够深入人心，争取到尽可能多的订货信息。

（2）市场地位

市场地位是针对每个市场而言的，企业的市场地位根据上一年度各企业的销售额排列，销售额最高的企业称为该市场的"市场领导者"，俗称"市场老大"。

（3）广告投放

广告是分市场、分产品投放的，投入1M有一次选取订单的机会，以后每多投2M增加一次选单机会。例如，投入7M表示准备拿4张订单，但是否能有4次拿单的机会则取决于市场需求、竞争态势等；投入2M准备拿一张订单，只是比投入1M的优先拿到订单。

在"竞争表"中按市场、产品登记广告费用，如表2所示，这是第三年A组广告投放情况。

表2 　　　　　　　　　　　　　　广告投入明细表

（a）

第三年A组(本地)					
产品	广告	单额	数量	9K	14K
P1	1M				
P2					
P3					
P4					

（b）

第三年A组(区域)					
产品	广告	单额	数量	9K	14K
P1					
P2	2M				
P3					
P4					

（c）

第三年A组(国内)					
产品	广告	单额	数量	9K	14K
P1					
P2					
P3	3M				
P4					

（d）

第三年 A 组(亚洲)

产品	广告	单额	数量	9K	14K
P1					
P2					
P3					
P4					

注意：竞单表中设有9K（代表"ISO 9000"，下同）和14K（代表"ISO 14000"，下同）两栏。这两栏中的投入不是认证费用，而是取得认证之后的宣传费用，该投入对整个市场所有产品有效。

如果希望获得标有"ISO 9000"或"ISO 14000"的订单，必须在相应的栏目中投入1M广告费。

（4）客户订单

市场需求用客户订单卡片的形式表示，如图1所示。卡片上标注了市场、产品、产品数量、单价、订单价值总额、账期、特殊要求等要素。

第6年	亚洲市场	产品：P4
	产品数量：3	
	产品单价：12M/个	
	总 金 额：36M	
	应收账期：4Q	
ISO 9000		加急!!!

图1　订单

如果没有特别说明，变通订单可能在当年内任一季度交货。如果由于产能不够或其他原因，导致本年不能交货，企业为此应受到以下处罚：

第一，因不守信用市场地位下降一级；

第二，下一年该订单必须最先交货；

第三，交货时扣除该企业该张订单总额的25%（取整）作为违约金。

卡片上标注有"加急!!!"字样的订单，必须在第一季度交货，若延期，处罚同上所述。因此，各模拟企业的营销总监在接单时要考虑企业的产能。当然，如果其他企业乐于合作，不排除委外加工的可能性。

注意：

如果上年市场领导者没有按期交货，市场地位下降，则本年该市场没有领导者。

订单上的账期代表客户收货时货款的交付方式。若为0账期，则现金付款；若为3账期，代表客户付给企业的是3个季度到期的应收账款。

如果订单上标注了"ISO 9000"或"ISO 14000"，那么要求生产单位必须取得了相应认证并投放了认证的广告费，两个条件均具备，才能得到这张订单。

（5）订单争取

在每年一度的销售会议上，综合企业的市场地位、广告投入、市场需求及企业间的竞争态势等因素，按规定程序领取订单。客户订单是按照市场划分的，选单次序如下：

按上一年该市场每种产品广告投入量的多少，每个企业依次选择订单；如果单一产品广告投入相同，则比较该市场两者的广告总投入；如果该市场两者的广告总投入也相同，则根据上一年市场地位决定选单次序；若上一年两者的市场地位相同，则采用非公开招标方式，由双方提出具有竞争力的竞单条件，由客户选择。

注意：

无论你投入多少广告费，每次你只能选择1张订单，然后等待下一次选单机会。

（三）企业运营规则

企业运营规则分为七个方面阐述。

1.厂房购买、出售与租赁

企业目前拥有自主厂房——大厂房，价值40M。另有小厂房可供选择使用，有关各厂房购买、租赁、出售的相关信息如表3所示。

表3　　　　　　　　　　　厂房购买、出售与租赁表

厂房	买价	租金	售价	容量
大厂房	40M	5M/年	40M	6条生产线
小厂房	30M	3M/年	30M	4条生产线

提示：厂房不提折旧。厂房可随时按购买价值出售，得到的是4个账期的应收账款。

2.生产线购买、转产与维修、出售

企业目前有3条手工生产线和1条半自动生产线，另外可供选择的生产线还有全自动生产线和柔性生产线。不同类型生产线的主要区别在于生产效率和灵活性。生产效率是指单位时间生产产品的数量；灵活性是指转产生产新产品时设备调整的难易性。有关生产线购买、转产与维修、出售的相关信息如表4所示。

表4　　　　　　　　　　　生产线信息表

生产线	手工	半自动	全自动	柔性
购买价	5M	8M	16M	24M
安装时间	无	2Q	4Q	4Q
生产周期	3Q	2Q	1Q	1Q
残值	1M	2M	4M	6M
转产周期	无	1Q	2Q	无
转产成本	无	1M	4M	无

说明：①所有生产线可以生产所有产品。②投资新生产线时按照安装周期平均支付投资，全部投资

到位后的下一周期可以领取产品标识，开始生产。资金短缺时，任何时候都可以中断投资。③生产线转产是指生产线转而生产其他产品，如半自动生产线原来生产P1产品，如果转产P2产品，需要改装生产线，因此需要停工一个周期，并支付1M改装费用。④当年投资的生产线价值计入在建工程，当年不提折旧，从下一年按余额递减法——设备价值的1/3（取整）计提折旧。设备价值<3M时，每次提折旧1M，直至提完。当年已售出的生产线不再计提折旧和支付维修费。⑤出售生产线时，如果该生产线净值<残值，将生产线净值直接转入现金库中；如果该生产线净值>残值，从生产线净值中取出等同于残值的部分置于现金库，将差额部分置于综合费用的其他项。如有1条手工生产线净值为3M时，企业将其出售，1M放置现金库中，另2M放置费用里。

3.产品生产

产品研发完成后，可以接单生产。生产不同的产品需要的原料不同，各种产品所用到的原料及加工费用如表5所示。

表5　　　　　　　　　　　　　产品所需原料及加工费用说明表

P1产品	P2产品	P3产品	P4产品
原料费：R1=1M	原料费：R1+R2=2M	原料费：2R2+R3=3M	原料费：R2+R3+2R4=4M
加工费：1M	加工费：1M	加工费：1M	加工费：1M

每条生产线同时只能有一个产品在线。产品上线时需要支付加工费，不同生产线的生产效率不同，但需要支付的加工费是相同的，均为1M。

4.原材料采购

原材料采购涉及两个环节，签订采购合同和按合同收料。签订采购合同时要注意提前期。R1、R2原材料需要一个季度的采购提前期；R3、R4原材料需要两个季度的采购提前期。货物到达企业时，必须照单全收，并按规定支付原料费或计入应付账款。

5.产品研发与国际认证体系

企业目前可以生产并销售P1产品。根据预测，另有技术含量依次递增的P2、P3、P4三种产品有待开发。

（1）产品研发

不同技术含量的产品，需要投入的研发时间和投资是有区别的，如表6所示。

表6　　　　　　　　　　　　　产品研发时间及研发费用表

产品	P2	P3	P4	说　　明
研发时间	6Q	6Q	6Q	①各产品可同步研发；按研发周期平均支付研发投资 ②资金不足时可随时中断或终止
研发投资	6M	12M	18M	③全部投资完成的下一周期方可开始生产某产品，研发投入完成后，可领取产品生产资格证

（2）ISO认证

随着中国加入WTO，客户的质量意识及环境意识越来越清晰。经过一定时间的市场孕育，最终会反映在客户订单中。企业要进行ISO认证，需要经过一段时间并花费一定费用，如表7所示。

表7   国际认证需要投入的时间及认证费用表

ISO认证体系	ISO 9000 质量认证	ISO 14000 环境认证	说　明
投入时间	2年	3年	①两项认证可以同时进行 ②资金短缺情况下，投资随时可以中断
认证费用	2M	3M	③认证完成后可以领取相应ISO资格证

6.融资贷款与贴现

资金是企业的血液，是企业进行任何活动的支撑。在ERP沙盘模拟课程中，企业尚未上市，因此其融资渠道只能是银行借款、高利贷和应收账款贴现。下面将几种融资方式列于表8中。

表8   企业可能的各项融资手段及财务费用表

贷款类型	贷款时间	贷款限额	利　率
长期贷款	每年年末	上年所有者权益的两倍−已贷长期贷款	10%（每年年底付息）
短期贷款	每季度初	上年所有者权益的两倍−已贷短期贷款	5%（利随本清）
高利贷	任何时间		20%（利随本清）
应收贴现	任何时间	视应收款额	1∶6（变现时贴息）

提示：①无论长期贷款、短期贷款还是高利贷均以20M为基本贷款单位。长期贷款最长期限为5年，短期贷款及高利贷期限为1年，不足1年的按1年计息，贷款到期后返还。②应收账款贴现可以随时进行，金额必须是7的倍数，不考虑应收账款的账期，每7M的应收账款交纳1M的贴现费用，其余6M作为现金放入现金库。

7.企业所得税计算的有关规定

①企业纳税年度发生的亏损，准予向以后年度结转，用以后年度的所得弥补，但结转年限最长不得超过5年。

②企业所得税税率按1/3进行计算（所得税额计算结果如有小数，一律取整数部分）。

注意：在比赛中，暂按25%的企业所得税税率进行计算。在实战中，教师可根据国家规定的税率对所得税税率进行适当调整。

大赛规则及有关资料

一、竞赛规则

1.融资（见表1）

表1 融资说明表

贷款类型	贷款时间	贷款额度	年息	还款方式
长期贷款	每年年初	所有长贷和短贷之和不能超过上年权益的3倍	10%（四舍五入）	年初付息，到期还本
短期贷款	每季度初		5%（四舍五入）	到期一次还本付息
资金贴现	任何时间	视应收款额	10%（1季，2季）12.5%（3季，4季）	变现时贴息，可对1，2季应收联合贴现（3，4季同理）
库存拍卖		原材料八折，成品按成本价		

规则说明：

（1）长期和短期贷款信用额度

长短期贷款的总额度（包括已借但未到还款期的贷款）为上年权益总计的3倍，长期贷款、短期贷款必须为大于等于10W的整数申请。例如，第一年所有者权益为358W，第一年已借5年期长贷506W，则第二年可贷款总额度为：358W×3-506W=568W。

（2）贷款规则

a.长期贷款每年必须归还利息，到期还本，本利双清后，如果还有额度时，才允许重新申请贷款。即，如果有贷款需要归还，同时还拥有贷款额度时，必须先归还到期的贷款，才能申请新贷款。不能以新贷还旧贷（续贷），短期贷款也按本规定执行。

b.结束年时，不要求归还没有到期的各类贷款。

c.长期贷款最多可贷5年。

d.所有的贷款不允许提前还款。

e.企业间不允许私自融资，只允许企业向银行贷款，银行不提供高利贷。

f.贷款利息计算时四舍五入。例如，短期贷款210W，则利息为：210W×5%=10.5W，四舍五入，实际支付利息为11W。

2.厂房（见表2）

表2 厂房说明表

厂房	买价	租金	售价	容量
大厂房	420W	42W/年	420W	4条
中厂房	300W	30 W/年	300W	3条
小厂房	180W	18W/年	180W	2条

规则说明：

a.租用或购买厂房可以在任何季度进行。如果决定租用厂房或者厂房买转租，租金在开始租用的季度交付，即从现金处取等量钱币，放在租金费用处。一年租期到期时，如果决定续租，需重复以上动作。

b.厂房租入后，一年后可作租转买、退租等处理（例：第一年第一季度租厂房，则以后每一年的第一季度末"厂房处理"均可"租转买"），如果到期没有选择"租转买"，系统自动做续租处理，租金在"当季结束"时和"行政管理费"一并扣除。

c.要新建或租赁生产线，必须购买或租用厂房，没有租用或购买厂房不能新建或租赁生产线。

d.如果厂房中没有生产线，可以选择厂房退租。

e.厂房出售得到4个账期的应收款，紧急情况下可进行厂房贴现（4季贴现），直接得到现金，如厂房中有生产线，同时要扣租金。

f.厂房使用可以任意组合，但总数不能超过四个；如租四个小厂房或买四个大厂房或租一个大厂房买三个中厂房。

3.生产线（见表3）

表3 生产线说明表

生产线	购置费	安装周期	生产周期	总转产费	转产周期	维修费	残值
超级手工线	35W	无	2Q	0W	无	5W/年	5W
租赁线	0W	无	1Q	20W	1Q	70W/年	-85W
自动线	150W	3Q	1Q	20W	1Q	20W/年	30W
柔性线	200W	4Q	1Q	0W	无	20W/年	40W

（1）在"系统"中新建生产线，需先选择厂房，然后选择生产线的类型，特别要确定生产产品的类型（产品标识必须摆上）；生产产品一经确定，本生产线所生产的产品便不能更换，如需更换，须在建成后，进行转产处理。

（2）每次操作可建一条生产线，同一季度可重复操作多次，直至生产线位置全部铺满。自动线和柔性线待最后一期投资到位后，必须到下一季度才算安装完成，允许投入使用。超级手工线和租赁线当季购入（或租入）当季即可使用。

（3）新建生产线一经确认，即刻进入第一期在建，当季便自动扣除现金。

（4）不论何时出售生产线，从生产线净值中取出相当于残值的部分计入现金，净值与残值之差计入损失。

（5）只有空的并且已经建成的生产线方可转产。

（6）当年建成的生产线、转产中生产线都要交维修费；凡已出售的生产线（包括退租的租赁线）和新购正在安装的生产线不交纳维护费。

（7）生产线不允许在不同厂房移动。

（8）租赁线不需要购置费，没有安装周期，不提折旧，维修费可以理解为租金；其在出售时（可理解为退租），系统将扣 85W/条 的清理费用，记入损失，退租的生产线年底不再缴纳维修费。该类生产线不计小分。

（9）超级手工线不计小分。

4.生产线折旧（平均年限法）（见表 4）

表 4　　　　　　　　　　　　生产线折旧说明表

生产线	购置费	残值	建成第 1 年	建成第 2 年	建成第 3 年	建成第 4 年	建成第 5 年
超级手工线	35W	5W	0	10W	10W	10W	
自动线	150W	30W	0	30W	30W	30W	30W
柔性线	200W	40W	0	40W	40W	40W	40W

当年建成生产线当年不提折旧，当净值等于残值时生产线不再计提折旧，但可以继续使用。

5.产品研发

要想生产某种产品，先要获得该产品的生产许可证。而要获得生产许可证，则必须进行产品研发。P1、P2、P3、P4、P5 产品都需要进行研发后才能获得生产许可。研发需要分期投入研发费用。投资规则见表 5。

表 5　　　　　　　　　　　　投资规则说明表

名称	开发费用	开发总额	开发周期	加工费	直接成本	产品组成
P1	10W/季	20W	2 季	10W	20W/个	R1
P2	10W/季	30W	3 季	10W	30W/个	R2+R3
P3	10W/季	40W	4 季	10W	40W/个	R1+R3+R4
P4	11W/季	55W	5 季	10W	50W/个	P1+R2+R3
P5	12W/季	60W	5 季	10W	60W/个	P2+R1+R4

产品研发可以中断或终止，但不允许超前或集中投入。已投资的研发费不能回收。如果开发没有完成，"系统"不允许开工生产。

6.ISO 资格认证（见表 6）

表 6　　　　　　　　　　　　ISO 资格认证说明表

ISO 类型	每年研发费用	年限	全部研发费用
ISO 9000	10W/年	2 年	20W
ISO 14000	10W/年	3 年	30W

7.市场开发（见表7）

表7　　　　　　　　　　　　　市场开发说明表

市场	每年开发费	年限	全部开发费用
本地	10W/年	1年	10W
区域	10W/年	1年	10W
国内	10W/年	2年	20W
亚洲	10W/年	3年	30W
国际	10W/年	4年	40W

开发费用按开发时间在年末平均支付，不允许加速投资。

8.原料（见表8）

表8　　　　　　　　　　　　　原料说明表

名称	购买价格	提前期
R1	10W/个	1季
R2	10W/个	1季
R3	10W/个	2季
R4	10W/个	2季

（1）没有下订单的原材料不能采购入库。

（2）所有预订的原材料到期必须全额现金购买。

（3）紧急采购时，原料是直接成本的2倍，即20W/个，成品是直接成本的3倍。

（4）在利润表中，直接成本仍然按照标准成本记录，紧急采购多付出的成本计入综合费用表中的"损失"。

9.选单规则

在一个回合中，每投放10W广告费理论上将获得一次选单机会，此后每增加20W理论上多一次选单机会。例如，本地P1投入30W广告费表示最多有2次选单机会，但是能否选到2次取决于市场需求及竞争态势。如果投小于10W广告则无选单机会，但仍扣广告费，对计算市场广告额有效。广告投放可以是非10倍数，如11W、12W，且投12W比投11W或10W优先选单。

投放广告，只有裁判宣布的最晚时间，没有最早时间，即你在系统里当年经营结束后即可马上投下一年的广告。

选单时首先由上一年该市场的市场领导者优先选单，然后按本市场本产品广告额投放大小顺序依次选单；如果两队本市场本产品广告额相同，则看本市场广告投放总额；如果本市场广告总额也相同，则看上年本市场销售排名；如仍无法决定，先投广告者先选单。第一年无订单。

选单时，两个市场同时开单，各队需要同时关注两个市场的选单进展，其中一个市场先结束，则第三个市场立即开单，即任何时候会有两个市场同开，除非到最后只剩下一个市场选单未结束。例如，某年有本地、区域、国内、亚洲四个市场有选单，则系统将本地、区域同时放单，如图1所示，各市场按P1、P2、P3、P4、P5顺序独立放单，若本地市场选单结束，则国内市场立即开单，此时区域、国内二市场保持同开，紧接着区域结束选单，则亚洲市场立即放单，即国内、亚洲二市场同开。选单时各队需要点击相应的市场按钮（如"国内"），某一市场选单结束，系统不会自动跳到其他市场。

图1 同时放单界面

提请注意：

●出现确认框要在倒计时大于5秒时按下确认按钮，否则可能造成选单无效；

●在某细分市场（如本地P1）有多次选单机会，只要放弃一次，则视同放弃该细分市场所有选单机会；

●选单时各队两台电脑同时联接入网；

●本次比赛有市场领导者。

选单界面如图2所示。

图2 选单界面

选择相应的订单，点"选中"，系统将提示是否确认选中该订单，如图3所示。

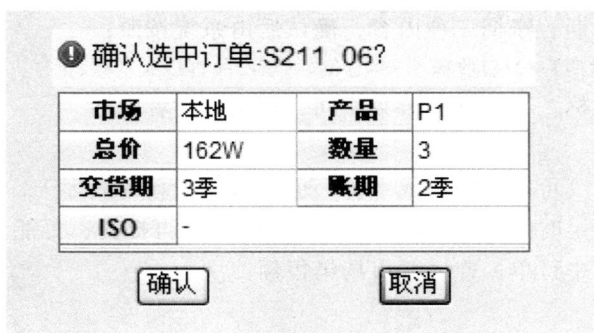

图3 提示界面

点"确认",（注：出现确认框要在倒计时大于5秒时按下确认按钮，否则可能造成选单无效。）系统会提示成功获得订单，如图4所示。

图4 成功获得订单界面

10.竞单会（在第4年和第6年订货会后，召开竞单会。系统一次同时放3张订单同时竞，具体竞拍订单的信息将和市场预测图一起下发）

参与竞标的订单标明了订单编号、市场、产品、数量、ISO要求等，而总价、交货期、账期三项为空。竞标订单的相关要求说明如下：

（1）投标资质

参与投标的公司需要有相应市场、ISO认证的资质，但不必有生产资格。

中标的公司需为该单支付10W标书费，计入广告费。

（如果已竞得单数+本次同时竞单数）* 10 >现金余额，则不能再竞，即必须有一定现金库存作为保证金。如同时竞3张订单，库存现金为54W，已经竞得3张订单，扣除了30W标书费，还剩余24W库存现金，则不能继续参与竞单，因为万一再竞得3张，24W库存现金不足支付标书费30W。

为防止恶意竞单，对竞得单张数进行限制，如果某队已竞得单张数>ROUND（3*该年竞单总张数/参赛队数），则不能继续竞单。

提请注意：

●ROUND表示四舍五入；

●如上式为等于，可以继续参与竞单；

●参赛队数指经营中的队伍，破产退出经营则不算在其内。

如某年竞单，共有40张，20队参与竞单，当一队已经得到7张单，因为7>ROUND（3* 40/20），所以不能继续竞单；但如果已经竞得6张，可以继续参与。

（2）投标

参与投标的公司须根据所投标的订单，在系统规定时间（90秒，以倒计时秒形式显示）填写总价、交货期、账期三项内容，确认后由系统按照：

得分=100+（5-交货期）×2+应收账期-8×总价÷（该产品直接成本×数量）

以得分最高者中标。如果计算分数相同，则先提交者中标。

提请注意：

●总价不能低于（可以等于）成本价，也不能高于（可以等于）成本价的三倍；

●必须为竞单留足时间，如在倒计时小于等于5秒再提交，可能无效；

●竞得订单与选中订单一样，算市场销售额。

11.订单违约

订单必须在规定季交货或提前交货，应收账期从交货季开始算起。应收款收回系统自动完成，不需要各队填写收回金额。

12.取整规则（均精确或舍到个位整数）

违约金扣除——四舍五入；

库存拍卖所得现金——四舍五入；

贴现费用——向上取整；

扣税——四舍五入；

长短贷利息——四舍五入。

13.关于违约问题

所有订单要求在本年度内完成（按订单上的产品数量和交货期交货）。如果订单没有完成，则视为违约订单，按下列条款加以处罚：

（1）分别按违约订单销售总额的20%（四舍五入）计算违约金，并在当年第4季度结束后扣除，违约金记入"损失"。例如，某组违约了两张订单，见图5。

订单编号	市场	产品	数量	总价	状态	得单年份	交货期	账期	ISO	交货期
180016	本地	P2	2	146 W	违约	第2年	3季	0季	-	-
180011	本地	P1	1	60 W	已交单	第2年	2季	1季	-	第2年1季
180006	本地	P1	3	162 W	违约	第2年	3季	2季	-	-

图5　订单违约界面

则缴纳的违约金分别为：146W×20%=29.2W≈29W；162W×20%=32.4W≈32W。

合计为29W+32W=61W。

（2）违约订单一律收回。

14.重要参数（见图6）

违约金比例	20 %	贷款额倍数	3 倍
产品折价率	100 %	原料折价率	80 %
长贷利率	10 %	短贷利率	5 %
1，2期贴现率	10 %	3，4期贴现率	12.5 %
初始现金	600 W	管理费	10 W
信息费	1 W	所得税率	25 %
最大长贷年限	5 年	最小得单广告额	10 W
原料紧急采购倍数	2 倍	产品紧急采购倍数	3 倍
选单时间	40 秒	首位选单补时	25 秒
市场同开数量	2	市场老大	⊙有　○无
竞拍时间	90 秒	竞拍同拍数	3

信息确认

图6　重要参数

提请注意：

● 每市场每产品选单时第一个队选单时间为65秒，自第二个队起，选单时间设为40秒；

● 初始资金为600W；

● 信息费1W/次/队，即交1W可以查看一队企业信息，交费企业以EXCEL表格形式获得被间谍企业详细信息（可看到的信息框架结构如附件EXCEL表所示）。竞单会时无法使用间谍。

15.竞赛排名

6年经营结束后，将根据各队的总成绩进行排名，分数高者排名在前。

总成绩＝所有者权益×（1＋企业综合发展潜力÷100）−罚分＋市场领导者加分

企业综合发展潜力见表9。

表9   **企业综合发展潜力说明表**

项目	综合发展潜力系数
自动线	+8/条
柔性线	+10/条
本地市场开发	+7
区域市场开发	+7
国内市场开发	+8
亚洲市场开发	+9
国际市场开发	+10
ISO 9000	+8
ISO 14000	+10
P1产品开发	+7
P2产品开发	+8
P3产品开发	+9
P4产品开发	+10
P5产品开发	+11
大厂房	+10
中厂房	+8
小厂房	+7

提请注意：

● 如有若干队分数相同，则比较第 6 年净利润，高者排名靠前，如果还相等，则在系统中先结束经营（而非指在系统中填制报表）者排名靠前。

● 生产线建成即加分，无须生产出产品，也无须有在制品。超级手工线、租赁线无加分。

● 市场领导者不计入综合发展潜力系数，单独算分，最终计入总成绩。得一个第 2、3、4、5 年市场领导者地位，加 50 分/个，得一个第 6 年市场领导者地位，加 80 分/个。

16.罚分细则

（1）运行超时扣分。

运行超时有两种情况：一是指不能在规定时间完成广告投放（可提前投广告）；二是指不能在规定时间完成当年经营（以点击系统中"当年结束"按钮并确认为准）。

处罚：按总分 50 分/分钟（不满一分钟按一分钟计算）计算罚分，最多不能超过 10 分钟。如果到 10 分钟后还不能完成相应的运行，将取消其参赛资格。

注意：投放广告时间、完成经营时间及提交报表时间系统均会记录，作为扣分依据。

（2）报表错误扣分。

必须按规定时间在系统中填制资产负债表，如果上交的报表与系统自动生成的报表对照有误，在总得分中扣罚 150 分/次，并以系统提供的报表为准修订。

注意：对上交报表时间会作规定，延误交报表即视为错误一次，即使后来在系统中填制正确也要扣分。由运营超时引发延误交报表视同报表错误并扣分（即如果某队超时 4 分钟，将被扣除 50 分×4+150 分=350 分）。

（3）本次比赛需要摆放物理盘面，看盘期间（每年经营结束后，由裁判宣布看盘时间），需要如实回答看盘者提问，也不能拒绝看盘者看电脑屏幕并查看其中任何信息（看盘者不可操作他队电脑，只能要求查看信息）。看盘时各队至少留一人。

（4）其他违规扣分。

在运行过程中下列情况属违规：

a.对裁判正确的判罚不服从；

b.其他严重影响比赛正常进行的活动；

c.看盘时，所摆盘面和真实盘面不符合（经裁判确认后）；

如有以上行为者，视情节轻重，在第 6 年经营结束后扣除该队总得分的 100~1 500 分。

（5）所有罚分在第 6 年经营结束后计算总成绩时一起扣除。

17.破产处理

当参赛队权益为负（指当年结束系统生成资产负债表时为负）或现金断流时（权益和现金可以为零），企业破产。

参赛队破产后，直接退出比赛，不计入排名。

二、各市场需求量和均价预测表（见表10、表11）

表10　　　　　　　　　　　　　　　　　　需求量表

年份	市场	P1需求量	P2需求量	P3需求量	P4需求量	P5需求量
第二年	本地	114	80	0	49	38
	区域	78	76	63	47	39
第三年	本地	99	81	51	0	42
	区域	73	77	53	45	0
	国内	87	68	0	48	43
第四年	本地	90	81	55	49	0
	区域	72	0	58	44	40
	国内	91	74	0	61	0
	亚洲	0	0	40	0	51
第五年	本地	83	75	0	52	39
	区域	0	73	56	49	0
	国内	85	62	0	0	42
	亚洲	0	64	62	45	41
	国际	52	0	48	0	38
第六年	本地	72	69	55	0	35
	区域	63	0	59	51	0
	国内	0	71	0	56	0
	亚洲	0	0	64	0	45
	国际	59	72	0	42	34

表11　　　　　　　　　　　　　均价预测表　　　　　　　　　　　　单位：万元

年份	市场	P1均价	P2均价	P3均价	P4均价	P5均价
第二年	本地	50.64	69.46	0	129.12	146.45
	区域	50.41	69.61	90.65	128.94	143.92
第三年	本地	50.59	70.63	87.73	0	141.62
	区域	50.19	70.27	85.6	121.91	0
	国内	50.09	69.04	0	120.54	140.84
第四年	本地	50.57	69.25	82.22	134.06	0
	区域	49.55	0	83.41	127.52	137.28
	国内	48.36	68.59	0	119.82	0
	亚洲	0	0	89.5	0	147.35
第五年	本地	45.48	69.31	0	121.56	149.64
	区域	0	68.84	81.16	121.86	0
	国内	45.32	69.37	0	0	150.88
	亚洲	0	70.55	81.85	130	145.56
	国际	56.15	0	91.04	0	156.79
第六年	本地	46.9	70.09	87.04	0	156.54
	区域	50.62	0	86.49	128.71	0
	国内	0	71.28	0	129.38	0
	亚洲	0	0	92.13	0	158.02
	国际	57.32	75.22	0	134.02	161.26

三、竞拍单信息（见表12、表13）

表12　　　　　　　　　　　　　第4年竞拍单信息

年份	单号	市场	产品	数量	ISO
4	4J01	本地	P1	4	无
4	4J02	本地	P2	5	9K
4	4J03	本地	P3	3	9K
4	4J04	本地	P4	2	9K
4	4J05	本地	P5	5	9K
4	4J06	区域	P2	3	无
4	4J07	区域	P2	4	无
4	4J08	区域	P3	5	9K
4	4J09	区域	P4	4	9K
4	4J10	区域	P5	3	无
4	4J11	国内	P1	6	无
4	4J12	国内	P2	4	9K
4	4J13	国内	P3	4	9K
4	4J14	国内	P4	3	无
4	4J15	国内	P4	4	9K
4	4J16	亚洲	P1	3	9K
4	4J17	亚洲	P2	7	无
4	4J18	亚洲	P2	4	无
4	4J19	亚洲	P3	6	9K
4	4J20	亚洲	P5	6	9K
4	4J21	亚洲	P5	4	无

表 13   第 6 年竞拍单信息

年份	单号	市场	产品	数量	ISO
6	6J01	本地	P1	3	无
6	6J02	本地	P2	3	9K
6	6J03	本地	P3	3	无
6	6J04	本地	P4	3	14K
6	6J05	本地	P5	3	9K、14K
6	6J06	区域	P2	4	无
6	6J07	区域	P3	6	9K、14K
6	6J08	区域	P4	5	无
6	6J09	区域	P5	6	14K
6	6J10	国内	P1	8	14K
6	6J11	国内	P3	4	9K
6	6J12	国内	P4	4	无
6	6J13	国内	P5	4	9K
6	6J14	亚洲	P1	10	9K
6	6J15	亚洲	P2	7	9K、14K
6	6J16	亚洲	P3	4	无
6	6J17	国际	P1	5	14K
6	6J18	国际	P2	6	无
6	6J19	国际	P3	5	9K
6	6J20	国际	P4	8	9K、14K
6	6J21	国际	P5	8	9K、14K

市场预测表

一、6组

这是由一家权威的市场调研机构对未来6年里各个市场需求的预测，应该说这一预测有着很高的可信度。但根据这一预测进行企业的经营运作，其后果将由各企业自行承担。

P1产品是目前市场上的主流技术，P2作为对P1的技术改良产品，也比较容易获得大众的认同。

P3和P4产品作为P系列产品里的高端技术，各个市场上对他们的认同度不尽相同，需求量与价格也会有较大的差异。

从图1可以看出，本地市场将会持续发展，客户对低端产品的需求可能会下滑。伴随着需求的减少，低端产品的价格很有可能会逐步走低。后几年，随着高端产品的成熟，市场对P3、P4产品的需求将会逐渐增大。同时随着时间的推移，客户的质量意识将不断提高，后几年可能会对厂商是否通过了ISO 9000认证和ISO 14000认证有更多的要求。

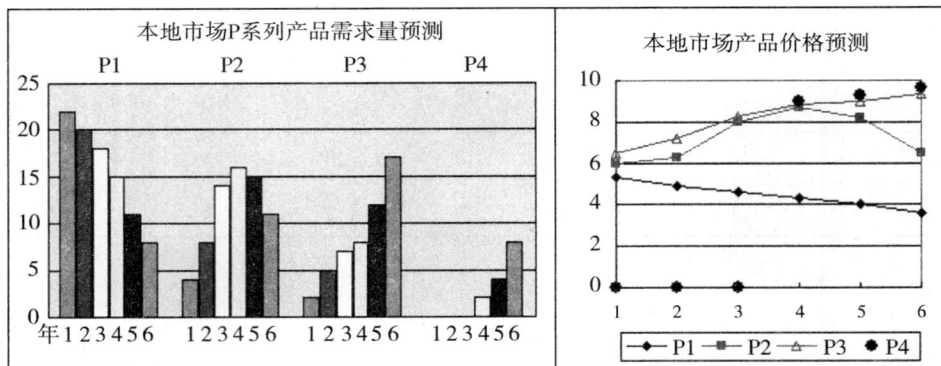

图1 本地市场预测

从图2可以看出，区域市场的客户对P系列产品的喜好相对稳定，因此市场需求量的波动也很可能会比较平稳。因其紧邻本地市场，所以产品需求量的走势可能与本地市场相似，价格趋势也应大致一样。该市场的客户比较乐于接受新的事物，因此对于高端产品也会比较有兴趣，但由于受到地域的限制，该市场的需求总量非常有限。并且这个市场上的客户相对比较挑剔，因此在后几年客户会对厂商是否通过了ISO 9000认证和ISO 14000认证有较高的要求。

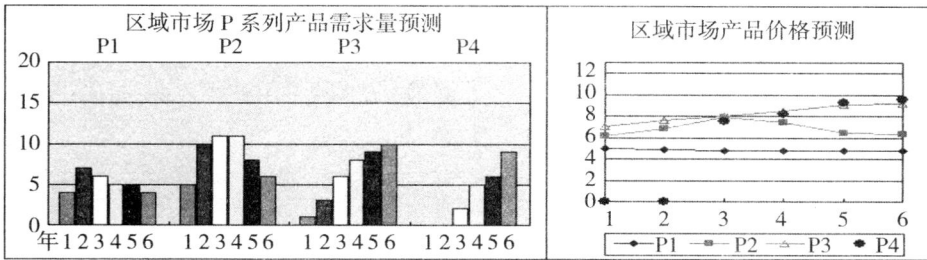

图2　区域市场预测

从图3可以看出，因P1产品带有较浓的地域色彩，估计国内市场对P1产品不会有持久的需求。但P2产品因为更适合于国内市场，所以估计需求会一直比较平稳。随着对P系列产品新技术的逐渐认同，对P3产品的需求估计会发展较快，但这个市场上的客户对P4产品却并不是那么认同。当然，对于高端产品来说，客户一定会更注重产品的质量保证。

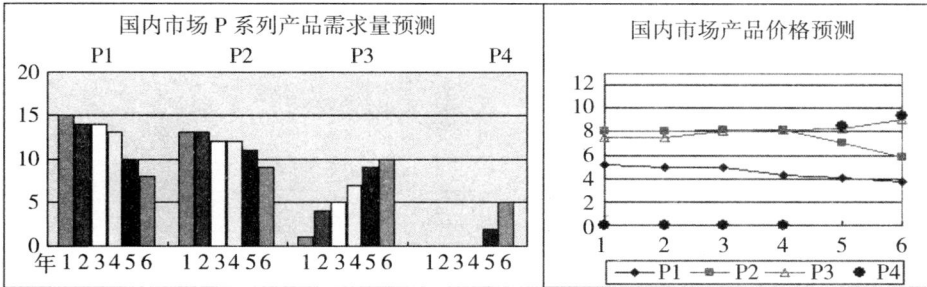

图3　国内市场预测

从图4可以看出，这个市场上的客户喜好一向波动较大，不易把握，所以对P1产品的需求可能起伏较大，估计P2产品的需求走势也会与P1相似。但该市场对新产品很敏感，因此估计对P3、P4产品的需求会发展较快，定价也可能不菲。另外，这个市场的消费者很看重产品的质量，所以在后几年里，如果厂商没有通过ISO 9000和ISO 14000的认证，其产品可能很难销售。

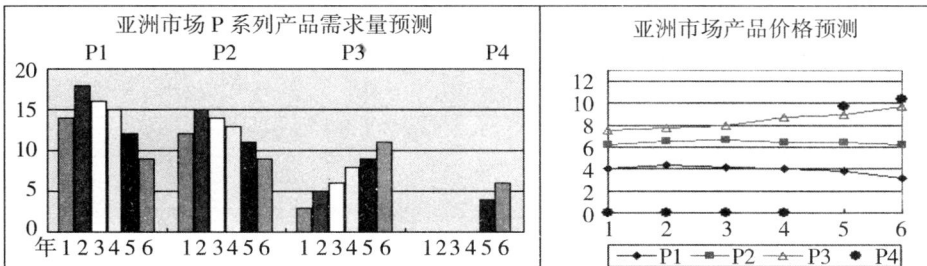

图4　亚洲市场预测

进入国际市场可能需要一个较长的时期。从图5可以看出，目前这一市场上的客户对P1产品已经有所认同，需求也比较旺盛。对于P2产品，客户持谨慎态度，仍需要一段时间才能被市场所接受。对于新兴的技术，这一市场上的客户将会以观望为主，因此对于P3和P4产品的需求将会发展极慢。因为产品需求主要集中在低端，所以客户对于ISO的要求并不如其他几个市场那么高，但也不排除在后期会有这方面的需求。

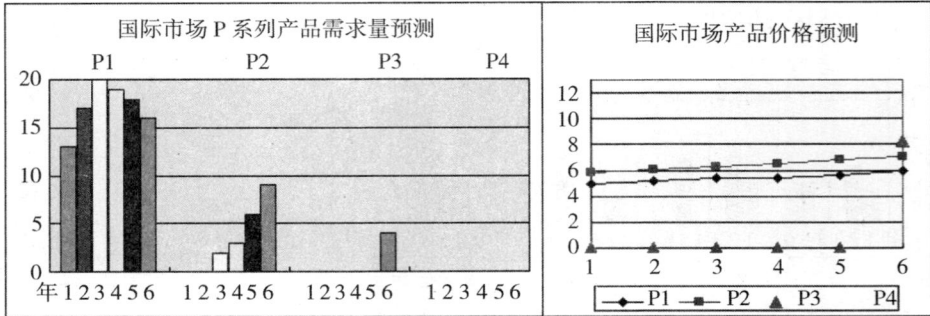

图5　国际市场预测

二、8组

从图6可以看出，本地市场将会持续发展，对低端产品的需求可能要下滑，伴随着需求的减少，低端产品的价格很有可能走低。后几年，随着高端产品的成熟，市场对P3、P4产品的需求将会逐渐增大。由于客户的质量意识不断提高，后几年可能对产品的ISO 9000和ISO 14000认证有更多的需求。

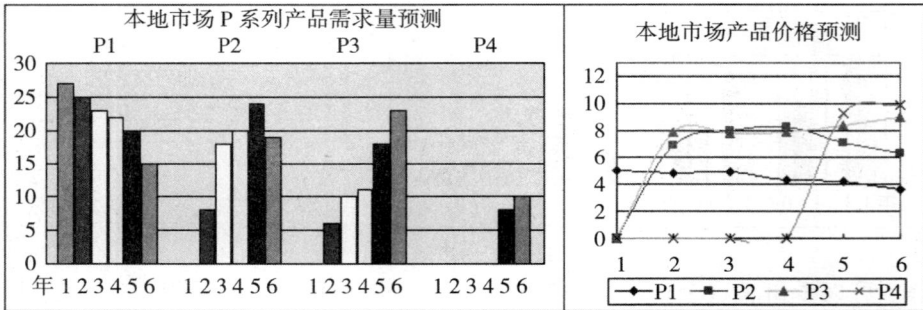

图6　本地市场预测

从图7可以看出，区域市场的客户相对稳定，对P系列产品的需求很可能比较平稳。因紧邻本地市场，所以产品需求量的走势可能与本地市场相似，价格趋势也应大致一样。该市场容量有限，对高端产品的需求也可能相对较小，但客户会对产品的ISO 9000和ISO 14000认证有较高的要求。

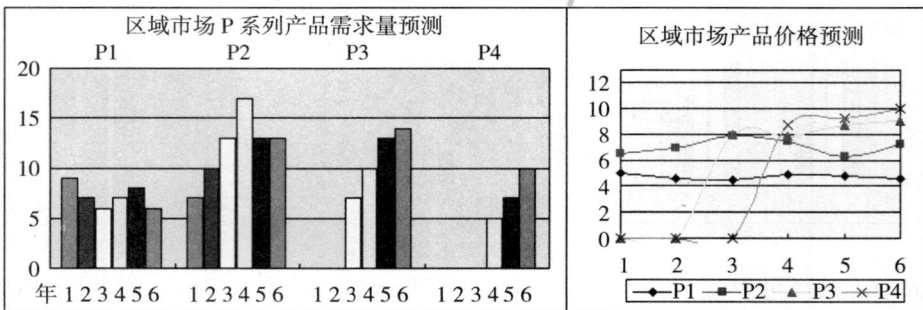

图7　区域市场预测

从图8可以看出，因P1产品带有较浓的地域色彩，估计国内市场对P1产品不会有持久的需求。但P2产品因更适合于国内市场，估计需求一直比较平稳。随着对P系列产品的逐渐认同，估计对P3产品的需求会发展较快，但对P4产品的需求就不一定像P3产品那样旺盛了。当然，对高价值的产品来说，客户一定会更注重产品的质量认证。

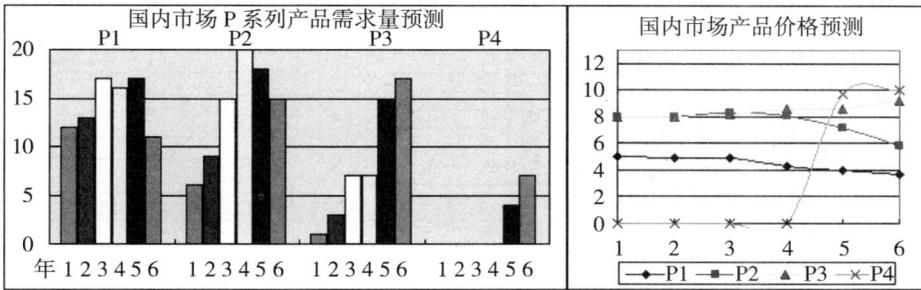

图8　国内市场预测

从图9可以看出，这个市场一向波动较大，所以对P1产品的需求可能起伏较大，估计对P2产品的需求走势与P1相似。但该市场对新产品很敏感，因此估计对P3、P4产品的需求量会发展较快，定价也可能不菲。另外，这个市场的消费者很看重产品的质量，所以没有ISO 9000和ISO 14000认证的产品可能很难销售。

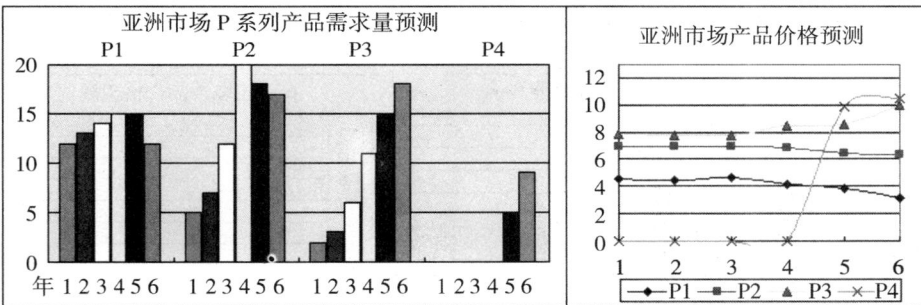

图9　亚洲市场预测

从图10可以看出，P系列产品进入国际市场可能需要一个较长的时期。有迹象表明，该市场对P1产品已经有所认同，但还需要一段时间P1产品才能被市场接受。同样，该市场对P2、P3和P4产品也会很谨慎地接受，需求发展较慢。当然，国际市场的客户也会关注具有ISO认证的产品。

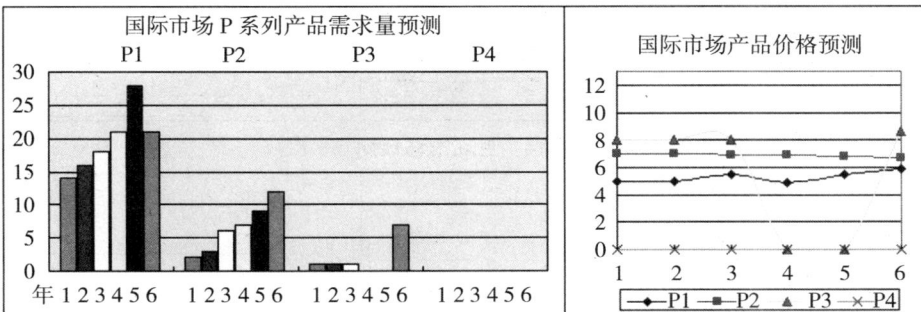

图10　国际市场预测

三、12组

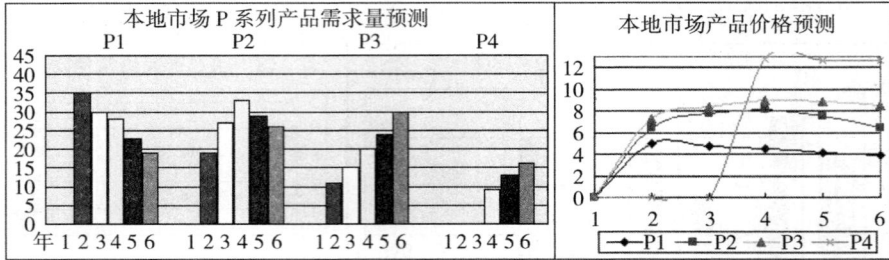

图 11　本地市场预测

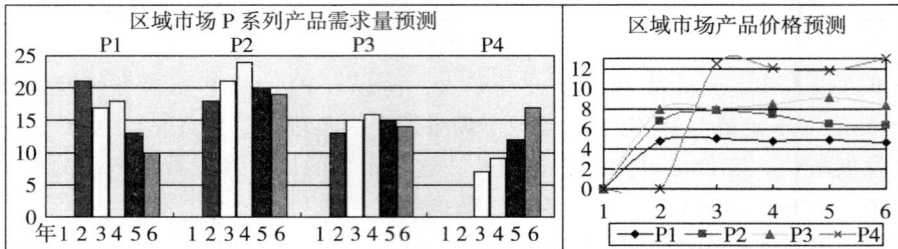

图 12　区域市场预测

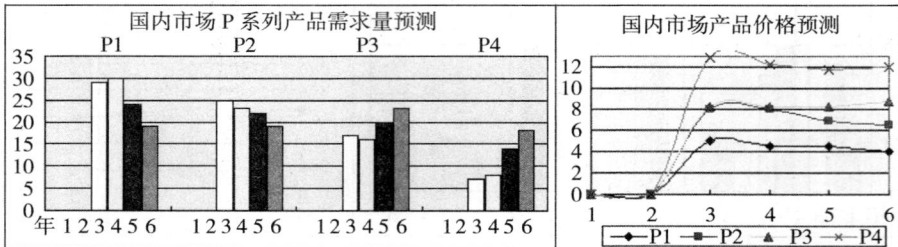

图 13　国内市场预测

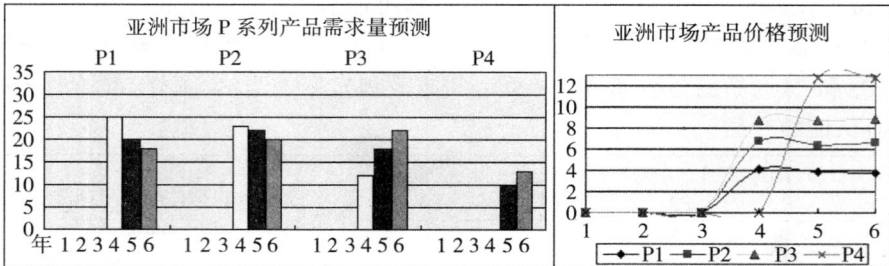

图 14　亚洲市场预测

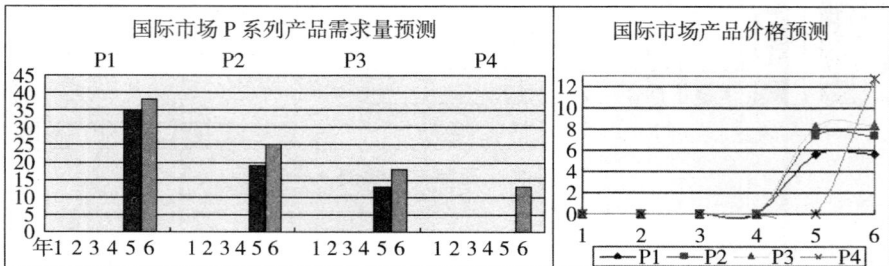

图 15　国际市场预测

企业经营过程记录表

1.起始年

表1　　　　　　　　　　　　运营表

企业经营流程 请按顺序执行下列各项操作。	每执行完一项操作，CEO请在相应的方格内打勾。 财务总监(助理)在方格中填写现金收支情况。			
新年度规划会议				
参加订货会/登记销售订单				
制订新年度计划				
支付应付税				
季初现金盘点(请填余额)				
更新短期贷款/还本付息/申请短期贷款(高利贷)				
更新应付款/归还应付款				
原材料入库/更新原料订单				
下原料订单				
更新生产/完工入库				
投资新生产线/变卖生产线/生产线转产				
向其他企业购买原材料/出售原材料				
开始下一批生产				
更新应收款/应收款收现				
出售厂房				
向其他企业购买成品/出售成品				
按订单交货				
产品研发投资				
支付行政管理费				
其他现金收支情况登记				
支付利息/更新长期贷款/申请长期贷款				
支付设备维护费				
支付租金/购买厂房				
计提折旧				( )
新市场开拓/ISO资格认证投资				
结账				
现金收入合计				
现金支出合计				
期末现金对账(请填余额)				

表2 订单登记表

订单号										合 计
市 场										
产 品										
数 量										
账 期										
销售额										
成 本										
毛 利										
未 售										

表3 商品核算统计表

项目	P1	P2	P3	P4	合 计
数 量					
销售额					
成 本					
毛 利					

表4 综合管理费用明细表 单位：百万元

项 目	金 额	备 注
管理费		
广告费		
保养费		
租 金		
转产费		
市场准入开拓		□区域 □国内 □亚洲 □国际
ISO资格认证		□ISO 9000 □ISO 14000
产品研发		P2( ) P3( ) P4( )
其 他		
合 计		

表5　　　　　　　　　　　　　　　**简易式利润表**　　　　　　　　　　　单位：百万元

项目	上年数	本年数
一、销售收入		
减：直接成本		
二、毛利		
减：综合费用		
三、折旧前利润		
减：折旧		
四、支付利息前利润		
加：财务收入/支出(支出以负数表示)		
加：其他收入/支出(支出以负数表示)		
五、税前利润		
减：所得税		
六、净利润		

表6　　　　　　　　　　　　　　　**简易式资产负债表**　　　　　　　　　　单位：百万元

资　产	期初数	期末数	负债和所有者权益	期初数	期末数
流动资产：			负债：		
现金			长期负债		
应收款			短期负债		
在制品			应付账款		
产成品			应交税费		
原料			一年内到期的长期负债		
流动资产合计			负债合计		
固定资产：			所有者权益：		
土地和建筑			股东资本		
机器与设备			利润留存		
在建工程			年度净利		
固定资产合计			所有者权益合计		
资产总计			负债和所有者权益总计		

2.第一年

表7　　　　　　　　　　　　　　　　　运营表

企业经营流程 请按顺序执行下列各项操作。	每执行完一项操作，CEO请在相应的方格内打勾。 财务总监(助理)在方格中填写现金收支情况。			
新年度规划会议				
参加订货会/登记销售订单				
制订新年度计划				
支付应付税				
季初现金盘点(请填余额)				
更新短期贷款/还本付息/申请短期贷款(高利贷)				
更新应付款/归还应付款				
原材料入库/更新原料订单				
下原料订单				
更新生产/完工入库				
投资新生产线/变卖生产线/生产线转产				
向其他企业购买原材料/出售原材料				
开始下一批生产				
更新应收款/应收款收现				
出售厂房				
向其他企业购买成品/出售成品				
按订单交货				
产品研发投资				
支付行政管理费				
其他现金收支情况登记				
支付利息/更新长期贷款/申请长期贷款				
支付设备维护费				
支付租金/购买厂房				
计提折旧				( )
新市场开拓/ISO资格认证投资				
结账				
现金收入合计				
现金支出合计				
期末现金对账(请填余额)				

表 8 现金预算表 单位：百万元

项　目	1	2	3	4
期初库存现金				
支付上年应交税				
市场广告投入				
贴现费用				
利息(短期贷款)				
支付到期短期贷款				
原料采购支付现金				
转产费用				
生产线投资				
工人工资				
产品研发投资				
收到现金前的所有支出				
应收款到期				
支付管理费用				
利息(长期贷款)				
支付到期长期贷款				
设备维护费用				
租金				
购买新建筑				
市场开拓投资				
ISO认证投资				
其他				
库存现金余额				

要点记录

第一季度：＿＿＿＿＿＿＿＿＿＿＿＿＿＿＿＿＿＿＿＿＿＿＿＿＿＿＿

第二季度：＿＿＿＿＿＿＿＿＿＿＿＿＿＿＿＿＿＿＿＿＿＿＿＿＿＿＿

第三季度：＿＿＿＿＿＿＿＿＿＿＿＿＿＿＿＿＿＿＿＿＿＿＿＿＿＿＿

第四季度：＿＿＿＿＿＿＿＿＿＿＿＿＿＿＿＿＿＿＿＿＿＿＿＿＿＿＿

年底小结：＿＿＿＿＿＿＿＿＿＿＿＿＿＿＿＿＿＿＿＿＿＿＿＿＿＿＿

表9   订单登记表

订单号											合计
市　场											
产　品											
数　量											
账　期											
销售额											
成　本											
毛　利											
未　售											

表10   商品核算统计表

项目	P1	P2	P3	P4	合计
数　量					
销售额					
成　本					
毛　利					

表11   综合管理费用明细表   单位：百万元

项　目	金　额	备　注
管理费		
广告费		
保养费		
租　金		
转产费		
市场准入开拓		□区域　□国内　□亚洲　□国际
ISO资格认证		□ISO 9000　□ISO 14000
产品研发		P2( )　P3( )　P4( )
其　他		
合　计		

表12   **简易式利润表**   单位：百万元

项目	上年数	本年数
一、销售收入		
减：直接成本		
二、毛利		
减：综合费用		
三、折旧前利润		
减：折旧		
四、支付利息前利润		
加：财务收入/支出(支出以负数表示)		
加：其他收入/支出(支出以负数表示)		
五、税前利润		
减：所得税		
六、净利润		

表13   **简易式资产负债表**   单位：百万元

资　产	期初数	期末数	负债和所有者权益	期初数	期末数
流动资产：			负债：		
现金			长期负债		
应收款			短期负债		
在制品			应付账款		
产成品			应交税费		
原料			一年内到期的长期负债		
流动资产合计			负债合计		
固定资产：			所有者权益：		
土地和建筑			股东资本		
机器与设备			利润留存		
在建工程			年度净利		
固定资产合计			所有者权益合计		
资产总计			负债和所有者权益总计		

3.第二年

表14 　　　　　　　　　　　　　　　运营表

企业经营流程 请按顺序执行下列各项操作。	每执行完一项操作，CEO请在相应的方格内打勾。 财务总监(助理)在方格中填写现金收支情况。		
新年度规划会议			
参加订货会/登记销售订单			
制订新年度计划			
支付应付税			
季初现金盘点(请填余额)			
更新短期贷款/还本付息/申请短期贷款(高利贷)			
更新应付款/归还应付款			
原材料入库/更新原料订单			
下原料订单			
更新生产/完工入库			
投资新生产线/变卖生产线/生产线转产			
向其他企业购买原材料/出售原材料			
开始下一批生产			
更新应收款/应收款收现			
出售厂房			
向其他企业购买成品/出售成品			
按订单交货			
产品研发投资			
支付行政管理费			
其他现金收支情况登记			
支付利息/更新长期贷款/申请长期贷款			
支付设备维护费			
支付租金/购买厂房			
计提折旧			(　　)
新市场开拓/ISO资格认证投资			
结账			
现金收入合计			
现金支出合计			
期末现金对账(请填余额)			

表 15   现金预算表   单位：百万元

项 目	1	2	3	4
期初库存现金				
支付上年应交税				
市场广告投入				
贴现费用				
利息(短期贷款)				
支付到期短期贷款				
原料采购支付现金				
转产费用				
生产线投资				
工人工资				
产品研发投资				
收到现金前的所有支出				
应收款到期				
支付管理费用				
利息(长期贷款)				
支付到期长期贷款				
设备维护费用				
租金				
购买新建筑				
市场开拓投资				
ISO认证投资				
其他				
库存现金余额				

要点记录

第一季度：_____

第二季度：_____

第三季度：_____

第四季度：_____

年底小结：_____

_____

表16 订单登记表

订单号										合 计
市 场										
产 品										
数 量										
账 期										
销售额										
成 本										
毛 利										
未 售										

表17 商品核算统计表

项 目	P1	P2	P3	P4	合 计
数 量					
销售额					
成 本					
毛 利					

表18 综合管理费用明细表 单位：百万元

项 目	金 额	备 注
管理费		
广告费		
保养费		
租 金		
转产费		
市场准入开拓		□区域 □国内 □亚洲 □国际
ISO资格认证		□ISO 9000 □ISO 14000
产品研发		P2( ) P3( ) P4( )
其 他		
合 计		

表 19 　　　　　　　　　　　　　**简易式利润表**　　　　　　　　　　　　单位：百万元

项　目	上 年 数	本 年 数
一、销售收入		
减：直接成本		
二、毛利		
减：综合费用		
三、折旧前利润		
减：折旧		
四、支付利息前利润		
加：财务收入/支出(支出以负数表示)		
加：其他收入/支出(支出以负数表示)		
五、税前利润		
减：所得税		
六、净利润		

表 20 　　　　　　　　　　　　　**简易式资产负债表**　　　　　　　　　　　单位：百万元

资　产	期初数	期末数	负债和所有者权益	期初数	期末数
流动资产：			负债：		
现金			长期负债		
应收款			短期负债		
在制品			应付账款		
产成品			应交税费		
原料			一年内到期的长期负债		
流动资产合计			负债合计		
固定资产：			所有者权益：		
土地和建筑			股东资本		
机器与设备			利润留存		
在建工程			年度净利		
固定资产合计			所有者权益合计		
资产总计			负债和所有者权益总计		

4.第三年

表21 运营表

企业经营流程 请按顺序执行下列各项操作。	每执行完一项操作，CEO请在相应的方格内打勾。 财务总监(助理)在方格中填写现金收支情况。		
新年度规划会议			
参加订货会/登记销售订单			
制订新年度计划			
支付应付税			
季初现金盘点(请填余额)			
更新短期贷款/还本付息/申请短期贷款(高利贷)			
更新应付款/归还应付款			
原材料入库/更新原料订单			
下原料订单			
更新生产/完工入库			
投资新生产线/变卖生产线/生产线转产			
向其他企业购买原材料/出售原材料			
开始下一批生产			
更新应收款/应收款收现			
出售厂房			
向其他企业购买成品/出售成品			
按订单交货			
产品研发投资			
支付行政管理费			
其他现金收支情况登记			
支付利息/更新长期贷款/申请长期贷款			
支付设备维护费			
支付租金/购买厂房			
计提折旧			( )
新市场开拓/ISO资格认证投资			
结账			
现金收入合计			
现金支出合计			
期末现金对账(请填余额)			

表 22　　　　　　　　　　　　　　现金预算表　　　　　　　　　　　单位：百万元

项　目	1	2	3	4
期初库存现金				
支付上年应交税				
市场广告投入				
贴现费用				
利息(短期贷款)				
支付到期短期贷款				
原料采购支付现金				
转产费用				
生产线投资				
工人工资				
产品研发投资				
收到现金前的所有支出				
应收款到期				
支付管理费用				
利息(长期贷款)				
支付到期长期贷款				
设备维护费用				
租金				
购买新建筑				
市场开拓投资				
ISO 认证投资				
其他				
库存现金余额				

　　要点记录

　　第一季度：＿＿＿＿＿＿＿＿＿＿＿＿＿＿＿＿＿＿＿＿＿＿＿＿＿＿＿＿＿＿＿

　　第二季度：＿＿＿＿＿＿＿＿＿＿＿＿＿＿＿＿＿＿＿＿＿＿＿＿＿＿＿＿＿＿＿

　　第三季度：＿＿＿＿＿＿＿＿＿＿＿＿＿＿＿＿＿＿＿＿＿＿＿＿＿＿＿＿＿＿＿

　　第四季度：＿＿＿＿＿＿＿＿＿＿＿＿＿＿＿＿＿＿＿＿＿＿＿＿＿＿＿＿＿＿＿

　　年底小结：＿＿＿＿＿＿＿＿＿＿＿＿＿＿＿＿＿＿＿＿＿＿＿＿＿＿＿＿＿＿＿

　　　　　　　＿＿＿＿＿＿＿＿＿＿＿＿＿＿＿＿＿＿＿＿＿＿＿＿＿＿＿＿＿＿＿

表23　　　　　　　　　　　　　　　　　订单登记表

订单号										合计
市　场										
产　品										
数　量										
账　期										
销售额										
成　本										
毛　利										
未　售										

表24　　　　　　　　　　　　　　　　商品核算统计表

项目	P1	P2	P3	P4	合计
数　量					
销售额					
成　本					
毛　利					

表25　　　　　　　　　　　　　综合管理费用明细表　　　　　　　　　　单位：百万元

项　目	金　额	备　注
管理费		
广告费		
保养费		
租　金		
转产费		
市场准入开拓		□区域　□国内　□亚洲　□国际
ISO资格认证		□ISO 9000　□ISO 14000
产品研发		P2(　)　P3(　)　P4(　)
其　他		
合　计		

表 26　　　　　　　　　　　　　　**简易式利润表**　　　　　　　　　　　单位：百万元

项目	上年数	本年数
一、销售收入		
减：直接成本		
二、毛利		
减：综合费用		
三、折旧前利润		
减：折旧		
四、支付利息前利润		
加：财务收入/支出(支出以负数表示)		
加：其他收入/支出(支出以负数表示)		
五、税前利润		
减：所得税		
六、净利润		

表 27　　　　　　　　　　　　　　**简易式资产负债表**　　　　　　　　　　单位：百万元

资　　产	期初数	期末数	负债和所有者权益	期初数	期末数
流动资产：			负债：		
现金			长期负债		
应收款			短期负债		
在制品			应付账款		
产成品			应交税费		
原料			一年内到期的长期负债		
流动资产合计			负债合计		
固定资产：			所有者权益：		
土地和建筑			股东资本		
机器与设备			利润留存		
在建工程			年度净利		
固定资产合计			所有者权益合计		
资产总计			负债和所有者权益总计		

5.第四年

表28 运营表

企业经营流程 请按顺序执行下列各项操作。	每执行完一项操作，CEO请在相应的方格内打勾。 财务总监(助理)在方格中填写现金收支情况。			
新年度规划会议				
参加订货会/登记销售订单				
制订新年度计划				
支付应付税				
季初现金盘点(请填余额)				
更新短期贷款/还本付息/申请短期贷款(高利贷)				
更新应付款/归还应付款				
原材料入库/更新原料订单				
下原料订单				
更新生产/完工入库				
投资新生产线/变卖生产线/生产线转产				
向其他企业购买原材料/出售原材料				
开始下一批生产				
更新应收款/应收款收现				
出售厂房				
向其他企业购买成品/出售成品				
按订单交货				
产品研发投资				
支付行政管理费				
其他现金收支情况登记				
支付利息/更新长期贷款/申请长期贷款				
支付设备维护费				
支付租金/购买厂房				
计提折旧				( )
新市场开拓/ISO资格认证投资				
结账				
现金收入合计				
现金支出合计				
期末现金对账(请填余额)				

表 29　　　　　　　　　　　　　　现金预算表　　　　　　　　　　　单位：百万元

项　目	1	2	3	4
期初库存现金				
支付上年应交税				
市场广告投入				
贴现费用				
利息(短期贷款)				
支付到期短期贷款				
原料采购支付现金				
转产费用				
生产线投资				
工人工资				
产品研发投资				
收到现金前的所有支出				
应收款到期				
支付管理费用				
利息(长期贷款)				
支付到期长期贷款				
设备维护费用				
租金				
购买新建筑				
市场开拓投资				
ISO 认证投资				
其他				
库存现金余额				

要点记录

第一季度：＿＿＿＿＿＿＿＿＿＿＿＿＿＿＿＿＿＿＿＿＿＿＿＿＿＿＿＿＿＿＿＿＿

第二季度：＿＿＿＿＿＿＿＿＿＿＿＿＿＿＿＿＿＿＿＿＿＿＿＿＿＿＿＿＿＿＿＿＿

第三季度：＿＿＿＿＿＿＿＿＿＿＿＿＿＿＿＿＿＿＿＿＿＿＿＿＿＿＿＿＿＿＿＿＿

第四季度：＿＿＿＿＿＿＿＿＿＿＿＿＿＿＿＿＿＿＿＿＿＿＿＿＿＿＿＿＿＿＿＿＿

年底小结：＿＿＿＿＿＿＿＿＿＿＿＿＿＿＿＿＿＿＿＿＿＿＿＿＿＿＿＿＿＿＿＿＿

＿＿＿

表30   订单登记表

订单号											合 计
市 场											
产 品											
数 量											
账 期											
销售额											
成 本											
毛 利											
未 售											

表31   商品核算统计表

项 目	P1	P2	P3	P4	合 计
数 量					
销售额					
成 本					
毛 利					

表32   综合管理费用明细表   单位：百万元

项 目	金 额	备 注
管理费		
广告费		
保养费		
租 金		
转产费		
市场准入开拓		□区 域　□国内　□亚洲　□国际
ISO 资格认证		□ISO 9000　□ISO 14000
产品研发		P2(　)　P3(　)　P4(　)
其 他		
合 计		

表 33 　　　　　　　　　　　　　**简易式利润表** 　　　　　　　　　　　　　单位：百万元

项　目	上 年 数	本 年 数
一、销售收入		
减：直接成本		
二、毛利		
减：综合费用		
三、折旧前利润		
减：折旧		
四、支付利息前利润		
加：财务收入/支出(支出以负数表示)		
加：其他收入/支出(支出以负数表示)		
五、税前利润		
减：所得税		
六、净利润		

表 34 　　　　　　　　　　　　　**简易式资产负债表** 　　　　　　　　　　　　　单位：百万元

资　产	期初数	期末数	负债和所有者权益	期初数	期末数
流动资产：			负债：		
现金			长期负债		
应收款			短期负债		
在制品			应付账款		
产成品			应交税费		
原料			一年内到期的长期负债		
流动资产合计			负债合计		
固定资产：			所有者权益：		
土地和建筑			股东资本		
机器与设备			利润留存		
在建工程			年度净利		
固定资产合计			所有者权益合计		
资产总计			负债和所有者权益总计		

6.第五年

表35　　　　　　　　　　　　　　运营表

企业经营流程 请按顺序执行下列各项操作。	每执行完一项操作，CEO请在相应的方格内打勾。 财务总监(助理)在方格中填写现金收支情况。		
新年度规划会议			
参加订货会/登记销售订单			
制订新年度计划			
支付应付税			
季初现金盘点(请填余额)			
更新短期贷款/还本付息/申请短期贷款(高利贷)			
更新应付款/归还应付款			
原材料入库/更新原料订单			
下原料订单			
更新生产/完工入库			
投资新生产线/变卖生产线/生产线转产			
向其他企业购买原材料/出售原材料			
开始下一批生产			
更新应收款/应收款收现			
出售厂房			
向其他企业购买成品/出售成品			
按订单交货			
产品研发投资			
支付行政管理费			
其他现金收支情况登记			
支付利息/更新长期贷款/申请长期贷款			
支付设备维护费			
支付租金/购买厂房			
计提折旧			(　)
新市场开拓/ISO资格认证投资			
结账			
现金收入合计			
现金支出合计			
期末现金对账(请填余额)			

表 36   现金预算表   单位：百万元

项　目	1	2	3	4
期初库存现金				
支付上年应交税				
市场广告投入				
贴现费用				
利息(短期贷款)				
支付到期短期贷款				
原料采购支付现金				
转产费用				
生产线投资				
工人工资				
产品研发投资				
收到现金前的所有支出				
应收款到期				
支付管理费用				
利息(长期贷款)				
支付到期长期贷款				
设备维护费用				
租金				
购买新建筑				
市场开拓投资				
ISO 认证投资				
其他				
库存现金余额				

要点记录

第一季度：_____

第二季度：_____

第三季度：_____

第四季度：_____

年底小结：_____

　　　　　_____

表37

订单登记表

订单号										合 计
市　场										
产　品										
数　量										
账　期										
销售额										
成　本										
毛　利										
未　售										

表38

商品核算统计表

项目	P1	P2	P3	P4	合 计
数　量					
销售额					
成　本					
毛　利					

表39

综合管理费用明细表　　　　　　　　　　　　　　　　单位：百万元

项　目	金　额	备　注
管理费		
广告费		
保养费		
租　金		
转产费		
市场准入开拓		□区域　□国内　□亚洲　□国际
ISO资格认证		□ISO 9000　□ISO 14000
产品研发		P2(　)　P3(　)　P4(　)
其　他		
合　计		

表 40　　　　　　　　　　　　　　　**简易式利润表**　　　　　　　　　　　　単位：百万元

项　目	上年数	本年数
一、销售收入		
减：直接成本		
二、毛利		
减：综合费用		
三、折旧前利润		
减：折旧		
四、支付利息前利润		
加：财务收入/支出(支出以负数表示)		
加：其他收入/支出(支出以负数表示)		
五、税前利润		
减：所得税		
六、净利润		

表 41　　　　　　　　　　　　　　　**简易式资产负债表**　　　　　　　　　　　　単位：百万元

资　产	期初数	期末数	负债和所有者权益	期初数	期末数
流动资产：			负债：		
现金			长期负债		
应收款			短期负债		
在制品			应付账款		
产成品			应交税费		
原料			一年内到期的长期负债		
流动资产合计			负债合计		
固定资产：			所有者权益：		
土地和建筑			股东资本		
机器与设备			利润留存		
在建工程			年度净利		
固定资产合计			所有者权益合计		
资产总计			负债和所有者权益总计		

7. 第六年

表42 **运营表**

企业经营流程 请按顺序执行下列各项操作。	每执行完一项操作，CEO请在相应的方格内打勾。 财务总监(助理)在方格中填写现金收支情况。			
新年度规划会议				
参加订货会/登记销售订单				
制订新年度计划				
支付应付税				
季初现金盘点(请填余额)				
更新短期贷款/还本付息/申请短期贷款(高利贷)				
更新应付款/归还应付款				
原材料入库/更新原料订单				
下原料订单				
更新生产/完工入库				
投资新生产线/变卖生产线/生产线转产				
向其他企业购买原材料/出售原材料				
开始下一批生产				
更新应收款/应收款收现				
出售厂房				
向其他企业购买成品/出售成品				
按订单交货				
产品研发投资				
支付行政管理费				
其他现金收支情况登记				
支付利息/更新长期贷款/申请长期贷款				
支付设备维护费				
支付租金/购买厂房				
计提折旧				( )
新市场开拓/ISO资格认证投资				
结账				
现金收入合计				
现金支出合计				
期末现金对账(请填余额)				

表 43　　　　　　　　　　　　　　　现金预算表　　　　　　　　　　　单位：百万元

项目	1	2	3	4
期初库存现金				
支付上年应交税				
市场广告投入				
贴现费用				
利息(短期贷款)				
支付到期短期贷款				
原料采购支付现金				
转产费用				
生产线投资				
工人工资				
产品研发投资				
收到现金前的所有支出				
应收款到期				
支付管理费用				
利息(长期贷款)				
支付到期长期贷款				
设备维护费用				
租金				
购买新建筑				
市场开拓投资				
ISO 认证投资				
其他				
库存现金余额				

要点记录

第一季度：_____

第二季度：_____

第三季度：_____

第四季度：_____

年底小结：_____

_____

表44　　　　　　　　　　　　　　　　订单登记表

订单号											合计
市　场											
产　品											
数　量											
账　期											
销售额											
成　本											
毛　利											
未　售											

表45　　　　　　　　　　　　　　　商品核算统计表

项目	P1	P2	P3	P4	合计
数　量					
销售额					
成　本					
毛　利					

表46　　　　　　　　　　　　　综合管理费用明细表　　　　　　　　　　单位：百万元

项目	金额	备注
管理费		
广告费		
保养费		
租　金		
转产费		
市场准入开拓		□区域　□国内　□亚洲　□国际
ISO资格认证		□ISO 9000　□ISO 14000
产品研发		P2(　)　P3(　)　P4(　)
其　他		
合　计		

表 47　　　　　　　　　　　　　　**简易式利润表**　　　　　　　　　　单位：百万元

项目	上年数	本年数
一、销售收入		
减：直接成本		
二、毛利		
减：综合费用		
三、折旧前利润		
减：折旧		
四、支付利息前利润		
加：财务收入/支出(支出以负数表示)		
加：其他收入/支出(支出以负数表示)		
五、税前利润		
减：所得税		
六、净利润		

表 48　　　　　　　　　　　　　**简易式资产负债表**　　　　　　　　　单位：百万元

资　产	期初数	期末数	负债和所有者权益	期初数	期末数
流动资产：			负债：		
现金			长期负债		
应收款			短期负债		
在制品			应付账款		
产成品			应交税费		
原料			一年内到期的长期负债		
流动资产合计			负债合计		
固定资产：			所有者权益：		
土地和建筑			股东资本		
机器与设备			利润留存		
在建工程			年度净利		
固定资产合计			所有者权益合计		
资产总计			负债和所有者权益总计		

采 购 登 记 表

第1年	1季				2季				3季				4季			
原材料	R1	R2	R3	R4	R1	R2	R3	R4	R1	R2	R3	R4	R1	R2	R3	R4
订购数量																
采购入库																
第2年	1季				2季				3季				4季			
原材料	R1	R2	R3	R4	R1	R2	R3	R4	R1	R2	R3	R4	R1	R2	R3	R4
订购数量																
采购入库																
第3年	1季				2季				3季				4季			
原材料	R1	R2	R3	R4	R1	R2	R3	R4	R1	R2	R3	R4	R1	R2	R3	R4
订购数量																
采购入库																
第4年	1季				2季				3季				4季			
原材料	R1	R2	R3	R4	R1	R2	R3	R4	R1	R2	R3	R4	R1	R2	R3	R4
订购数量																
采购入库																
第5年	1季				2季				3季				4季			
原材料	R1	R2	R3	R4	R1	R2	R3	R4	R1	R2	R3	R4	R1	R2	R3	R4
订购数量																
采购入库																
第6年	1季				2季				3季				4季			
原材料	R1	R2	R3	R4	R1	R2	R3	R4	R1	R2	R3	R4	R1	R2	R3	R4
订购数量																
采购入库																

广告表

第1年本地				第2年本地				第3年本地				第4年本地				第5年本地				第6年本地			
产品	广告	9K	14K	产品	广告	9K	14K	产品	广告	9K	14K	产品	广告	9K	14K	产品	广告	9K	14K	产品	广告	9K	14K
P1				P1				P1				P1				P1				P1			
P2				P2				P2				P2				P2				P2			
P3				P3				P3				P3				P3				P3			
P4				P4				P4				P4				P4				P4			

第1年区域				第2年区域				第3年区域				第4年区域				第5年区域				第6年区域			
产品	广告	9K	14K	产品	广告	9K	14K	产品	广告	9K	14K	产品	广告	9K	14K	产品	广告	9K	14K	产品	广告	9K	14K
P1				P1				P1				P1				P1				P1			
P2				P2				P2				P2				P2				P2			
P3				P3				P3				P3				P3				P3			
P4				P4				P4				P4				P4				P4			

第1年国内				第2年国内				第3年国内				第4年国内				第5年国内				第6年国内			
产品	广告	9K	14K	产品	广告	9K	14K	产品	广告	9K	14K	产品	广告	9K	14K	产品	广告	9K	14K	产品	广告	9K	14K
P1				P1				P1				P1				P1				P1			
P2				P2				P2				P2				P2				P2			
P3				P3				P3				P3				P3				P3			
P4				P4				P4				P4				P4				P4			

续表

第1年亚洲				第2年亚洲				第3年亚洲				第4年亚洲				第5年亚洲				第6年亚洲			
产品	广告	9K	14K	产品	广告	9K	14K	产品	广告	9K	14K	产品	广告	9K	14K	产品	广告	9K	14K	产品	广告	9K	14K
P1				P1				P1				P1				P1				P1			
P2				P2				P2				P2				P2				P2			
P3				P3				P3				P3				P3				P3			
P4				P4				P4				P4				P4				P4			

第1年国际				第2年国际				第3年国际				第4年国际				第5年国际				第6年国际			
产品	广告	9K	14K	产品	广告	9K	14K	产品	广告	9K	14K	产品	广告	9K	14K	产品	广告	9K	14K	产品	广告	9K	14K
P1				P1				P1				P1				P1				P1			
P2				P2				P2				P2				P2				P2			
P3				P3				P3				P3				P3				P3			
P4				P4				P4				P4				P4				P4			

ERP 沙盘综合评分标准

总成绩=所有者权益×（1+企业综合发展潜力÷100）

企业综合发展潜力见表1。

表1　　　　　　　　　　　　企业综合发展潜力表

序　号	项　目	综合发展潜力系数
01	大厂房	+15分/每厂房
02	小厂房	+10分/每厂房
03	手工生产线	+5分/条
04	半自动生产线	+10分/条
05	全自动/柔性线	+15分/条
06	区域市场开发	+10分
07	国内市场开发	+15分
08	亚洲市场开发	+20分
09	国际市场开发	+25分
10	ISO 9000	+10分
11	ISO 14000	+10分
12	P2产品开发	+10分
13	P3产品开发	+10分
14	P4产品开发	+15分
15	本地市场地位	+15分/第五年市场第一
16	区域市场地位	+15分/第五年市场第一
17	国内市场地位	+15分/第五年市场第一
18	亚洲市场地位	+15分/第五年市场第一
19	国际市场地位	+15分/第五年市场第一
20	高利贷扣分	每次扣分15分
21	其他扣分	

电子沙盘软件操作说明

ERP电子沙盘作为ERP手工沙盘的补充，使课程和比赛更加丰富多彩，本附录说明书后所附电子沙盘软件的使用。

一、软件的安装

将光盘中"电子沙盘"文件夹所有文件拷入计算机某一逻辑盘上，如D盘，安装即告完成。

进入"电子沙盘"文件夹，点击文件名为"电子沙盘"、图标为"小狐狸"的可执行文件，启动程序，出现电子沙盘的主界面，如图1所示。

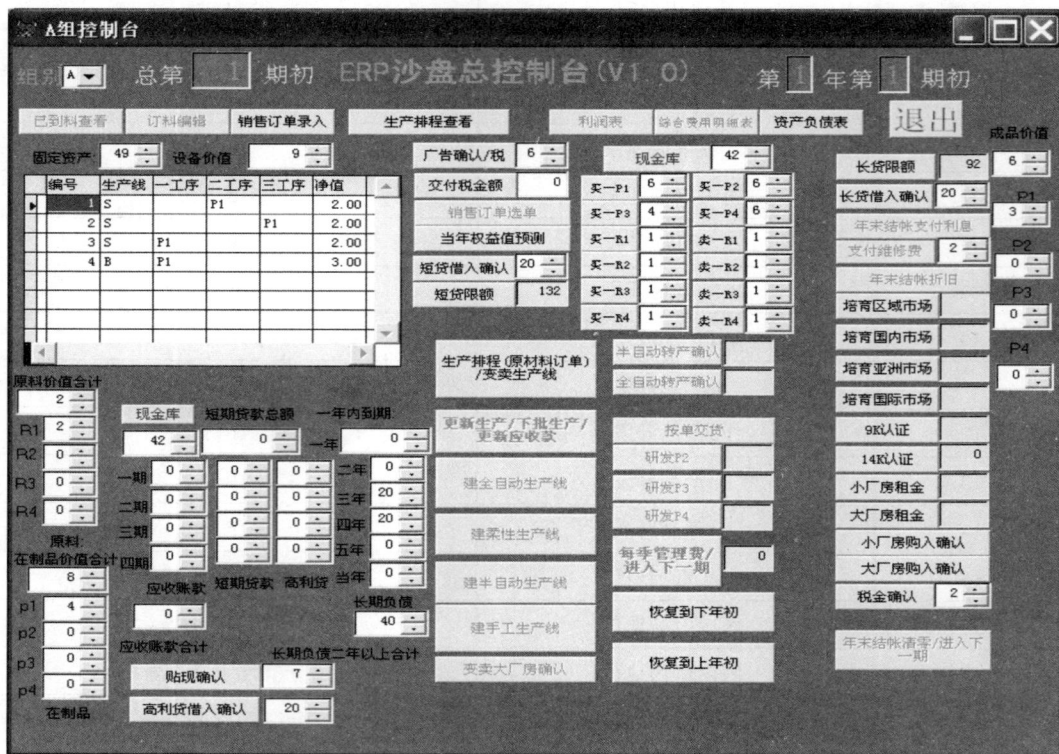

图1　电子沙盘主界面

二、软件的操作说明

为了更好地说明电子沙盘软件的操作，我们结合某企业一年的经营来阐述电子沙盘软件的使用，假设某企业第一年的经营计划如表 1 所示。

表 1

经营计划表

时间	经营活动摘要	资金或经费
年初	投入广告费	6M
一季	取得短期贷款	20M
一季	开始研发 P2 产品	每期 1M，共 4 期(一个季度为一期)
三季	购置 2 条全自动生产线	每期 4M，共 4 期(一个季度为一期)
年末	取得长期贷款	20M
年末	支付设备维修费	4M
年末	开发区域市场	1M
年末	开发亚洲市场	1M
年末	投入 ISO 9000 认证	1M

（一）年初

1.启动程序。进入"电子沙盘"文件夹，点击文件名为"电子沙盘"、图标为"小狐狸"的文件，启动程序，进入第一年自主运营。

2.广告投入。点击"广告确认"按钮后的微调按钮，调至所需数字，本例为 6M。点击"广告确认"按钮。系统提示"广告费 6M 已投入"。

3.销售订单录入。设获如下订单，见图 2。

第 1 年	本地市场	产品：P1
	产品数量：4	
	产品单价：5.5M/个	
	总 金 额：22M	
	应收账期：3Q	

图 2　订单

点击"订单录入"，之后点击"添加数据"按钮，录入有关数据。

4.支付应付税。点击"交付税金额"按钮，系统自动将上年末结算的应付税交付，并在后面文本框显示。第一年为 1M。

（二）第一季

1.季初现金盘点。在现金库处可查看现有现金为 35M，以后可随时查看。

2.申请短期贷款。先参照短贷限额调节短期贷款数额，之后确认。本例借入 20M，确认后可见在现金库立即增加 20M，为 55M。

3.生产排程。点击"生产排程"按钮，出现生产排程表格，对现有生产线进行生产排程，手工生产线隔两个空格排下一个产品，表示三期生产一个产品；半自动隔一个空格排下一个产品；全自动和柔性生产线不用间隔排下一个产品。排好后点击窗体右上角"×"图标退出。此时，系统将自动排好订料单，并订购。本例中按4条设备满负荷生产P1排程，录入后见表2。

表2 　　　　　　　　　　　　　　　　生产排程表

生产线	T0	T1	T2	T3	T4	T5	T6
S	P1			P1			P1
S			P1			P1	
S		P1			P1		
B		P1		P1		P1	

4.更新生产/完工入库和开始下一批生产。点击"更新生产/下批生产"按钮，在生产线表格里可看到生产线上的在制品移向下一格，完工的移入产品库，产成品数字即时统计。此按钮为每期必按钮。

5.投资新生产线/变卖生产线/生产线转产。投资新生产线时按"建全自动生产线"或"建柔性生产线"或"建半自动生产线"或"建手工生产线"；追加投资时按"全自动加一期投资"或"柔性全自动加一期投资"或"半自动加一期投资"。本例在第三季时有2条全自动生产线投入，本季不作操作。

6.变卖生产线/生产线转产。本季无操作。

7.更新应收款/应收款收现。点击"更新应收款"按钮，系统自动将应收款更新或应收款收现，并显示。此按钮每期必按。

8.出售厂房。若出售厂房，则点击"变卖大厂房确认"按钮。

9.向其他企业购买成品/出售成品。

10.按单交货。查看盘面，P1库存为4，已够交货数量，点击"按单交货"按钮，选中拟交订单记录最前面的复选框，点击"确认"按钮，退出。

11.产品研发投资。点击"研发P2"或"研发P3"或"研发P4"按钮，显示每季相应投资，同时现金减少。本例点击"研发P2"，系统取1M现金交付。

12.支付行政管理费。点击"每季管理费"，系统取1M现金交付。此按钮每期必按。

13.期末现金对账。本例题查看现金库现金为51M。

14.点击"确认"按钮，进入第二季。

（三）第二季

1.季初现金盘点。在现金库处可查看现有现金为51M。

2.申请短期贷款。本季无操作。

3.生产排程。此操作只在每年第一季施行，其他季不可用。

4.更新生产/完工入库和开始下一批生产。点击"更新生产/下批生产"按钮，每期必按。

5.投资新生产线/变卖生产线/生产线转产。本季无操作。

6.变卖生产线/生产线转产。本季无操作。

7.更新应收款/应收款收现。点击"更新应收款"按钮一次。

8.出售厂房。本季无操作。

9.向其他企业购买成品/出售成品。本季无操作。

10.按单交货。本季无操作。

11.产品研发投资。点击"研发P2"按钮，系统取1M现金交付，累计投资显示为2M。

12.支付行政管理费，每期必按。点击"每季管理费"，系统取1M现金交付，累计投资显示为2M。

13.期末现金对账。本例题查看库现金为51M。

14.点击"确认"按钮，进入第三季。

（四）第三季

1.季初现金盘点。在现金库处可查看现有现金为46M。

2.申请短期贷款。本季无操作。

3.生产排程。此操作只在每年第一季施行，其他季不可用。

4.更新生产/完工入库和开始下一批生产。点击"更新生产/下批生产"按钮，每期必按。

5.投资新生产线/变卖生产线/生产线转产。本例题点击"建全自动生产线"，选中拟生产的产品为P2，确定后退出。建好一条生产线，之后再重复一遍，建第二条生产线。

6.变卖生产线/生产线转产。本季无操作。

7.更新应收款/应收款收现。点击"更新应收款"按钮一次。

8.出售厂房。本季无操作。

9.向其他企业购买成品/出售成品。本季无操作。

10.按单交货。本季无操作。

11.产品研发投资。点击"研发P2"按钮，系统取1M现金交付，累计投资显示为3M。

12.支付行政管理费，每期必按。点击"每季管理费"，系统取1M现金交付，累计投资显示为3M。

13.期末现金对账。本例题查看现金库现金为41M。

14.点击"确认"按钮，进入第四季。

（五）第四季

1.季初现金盘点。在现金库处可查看现有现金为41M。

2.申请短期贷款。本季无操作。

3.生产排程。此操作只在每年第一季施行，其他季不可用。

4.更新生产/完工入库和开始下一批生产。点击"更新生产/下批生产"按钮，每期必按。

5.投资新生产线/变卖生产线/生产线转产。本例点击"全自动追加一期投资"，系统将两条全自动生产线原投资数4变为8，提示"追加完毕!"。

6.变卖生产线/生产线转产。本季无操作。

7.更新应收款/应收款收现。点击"更新应收款"按钮一次。

8.出售厂房。本季无操作。

9.向其他企业购买成品/出售成品。本季无操作。

10.按单交货。本季无操作。

11.产品研发投资。点击"研发P2"按钮，系统取1M现金交付，累计投资显示为4M。

12.支付行政管理费，每期必按。点击"每季管理费"，系统取1M现金交付，累计投资显示为4M。

13.不必点击任何按钮，直接进入年末处理。

（六）年末

1.支付利息/更新长期贷款。点击"年末结账支付利息"，系统自动计算出长贷利息并支付，本例为4M。更新长期贷款则在点击"年末结账清零"时自动进行。

2.申请长期贷款。借入长期贷款先参照长贷限额调节长期贷款数额，之后确认。本例借入20M，确认后可见在现金库立即增加20M。

3.支付设备维护费。本例调整为4M，确认。

4.支付租金/购买厂房。本例无操作。

5.计提折旧。点击"年末计提折旧"，系统自动计算折旧费。本例为4M，提示"折旧费4M已支付!"。

6.新市场开拓/ISO资格认证投资。本例为开发区域市场投入1M，开发亚洲市场投入1M，ISO 9000认证投入1M。

7.结账。点击"年末结账清零"按钮。

8.期末现金对账。在现金库处可查看现金数量。

（七）查看综合费用明细表

点击"综合费用明细表"按钮，查看综合费用明细表。此表可随时查看。

（八）查看利润表

点击"利润表"按钮，查看利润表。此表可随时查看。

（九）资产负债表

点击"资产负债表"按钮，查看资产负债表。此表可随时查看。

三、电子沙盘的作用

1.代替手工沙盘。结合用友的工具软件，可进行沙盘实战和训练，甚至可以人自为战，也就是一个人为一个团队。电子沙盘有三点好处：一是速度快，10分钟一年；二是解决训练时人手少的问题；三是每个人都可以试一下自己的想法，有利于挖掘新的思路。

2.研究别人的战例。可再现实战的细节，达到对别人战例的详细研究，从而取长补短，提高自己的实战水平。

3.研究自己的方案是否可行。如是否有资金断流、各方面资金预算是否合理等，达到对方案进行初选的目的。

4.进行课堂教学。在课堂上，进行ERP沙盘教学或利用沙盘讲解其他课程时，用手工沙盘十分不便，甚至是不可能。电子沙盘可以把运营的每一个步骤动态地呈现在学员的面前，使操作过程一目了然，达到瞬间释疑的目的。

电子沙盘对战系统和大赛对战系统安装操作说明

本附录说明书后所附沙盘对战系统软件的使用。

一、软件的安装

将光盘中"沙盘对战系统"文件夹所有文件拷入计算机某一逻辑盘上，如 D 盘，安装即告完成。

进入"沙盘对战系统"文件夹，点击文件名为"沙盘对战系统"、图标为"小狐狸"的可执行文件，启动程序，出现沙盘对战系统的主界面，如图 1 所示。

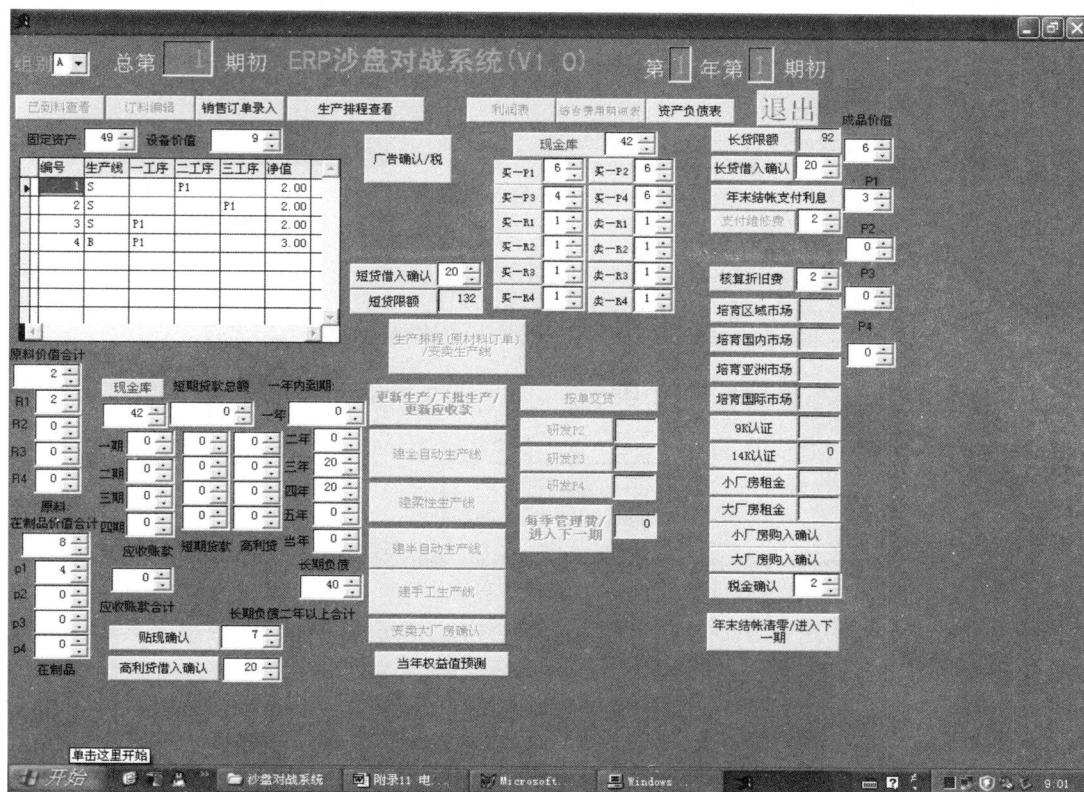

图 1　沙盘对战系统主界面

二、软件的操作说明

　　每年初，第一步都是投入广告，点击"广告输入/税"按钮，出现图2界面，按市场和产品逐项输出即可。

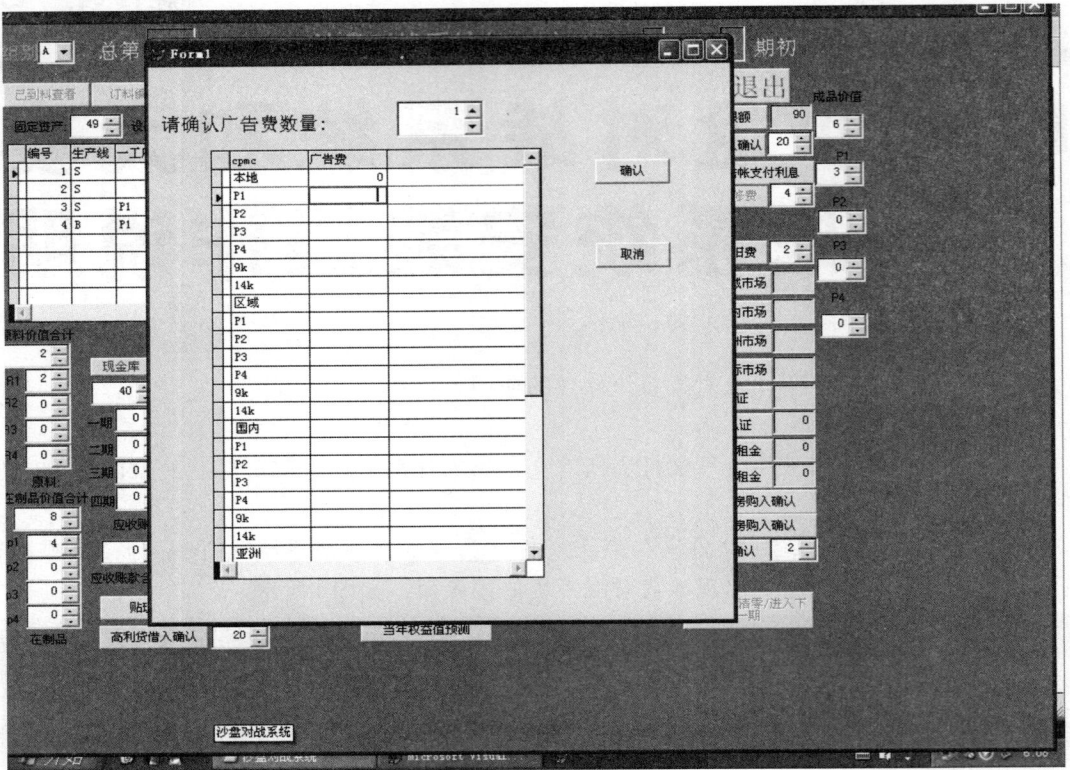

图2　广告费输入界面

　　接下来出现选单次序提示，如图3所示（广告数额不一样，次序不尽相同）。

图3　选单次序界面

　　出现如图4所示的选单界面，在所选订单前点击之，每次可选一张订单。其余操作请参见附录8。

　　"大赛沙盘对战系统"与"沙盘对战系统"安装和操作完全一样，只不过是按大赛的规则编制的，包含了复合产品，可以进行比赛的模拟训练和方案的遴选。

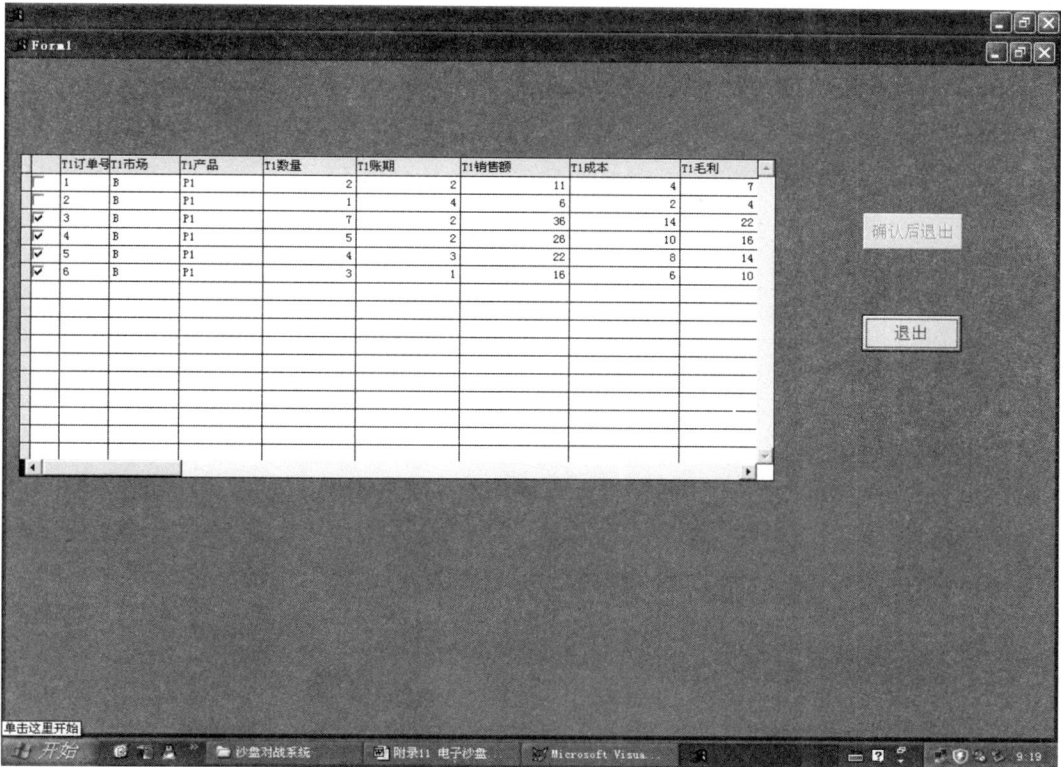

图4　选单界面